서예인을 위한 漢詩

書寫自然

月刊 書都文人畫

序言에

 또 한 권의 시집을 안내한다. 이번이 열한 번째의 시집이다. 내용과 관계없이 作詩의 순서로는 5601~6249번째의 '韓詩'로 꾸미고 있다. 써낼 수 있는 말이 얼마나 더 있을는지는 몰라도 詩集의 숫자가 불어나는 것만은 기분이 좋다. 그러나 언젠가 말했듯이 멋지고 뜻이 깊은 내용은 찾기가 어려울 것이다. 그것은 이왕의 시인들이 모두 써냈기 때문에 나로서는 하찮은, 그야말로 하찮은 것에 대한 연민의 정만 써내고 있을 뿐이다. 이 말은 그것이 나의 평상심이고, 또 그 자세로 생활하고 있기 때문에 할 수 있는 말이기도 하다.

 시를 써보면 생각과 다르게 제대로 된 말의 얽기란 쉽지가 않다. 많이 지어보면 나름대로의 요령은 늘어날지 모르나 뜻 깊은 철학의 진미는 작가의 소양과 인간성과 정비례 한다는 것을 자연스럽게 알게 된다. 세상에 무수한 글들이 있지만, 그 가운데 똑 같은 두개의 글은 없다. 이 말의 意味는 모든 사람들의 생각은 한결같지 않다는 말이다. 그러므로 나의 생각이 다른 사람의 생각과 全的으로 같다는 것은 생각조차 하기 어려운 부분이다.

 따라서 자연을 보고 느끼는 것도 앞의 말과 다른 것이 아니다. 같은 장소, 같은 시간, 같은 對象을 보고서도 글로 써보면 같은 글이 나오지 않는다. 그것은 각자의 素養과 性情이 다르기 때문에 생기는 당연한 현상이다. 이러한 현상은 개인이 처해있는 문화적 배경과 분위기의 다름에서 생겨나는 현상이기도 하다. 우리는 이 부분을 看過하지 말아야 한다. 이유는 그 다르다는 부분을 종합하여 보다 멋진 것을 창출해야 하는 의무가 발생한다는 생각을 해야 하기 때문이다. 그래서 古來로 何事를 不問하고 和議가 필요하다고 했는지도 모른다.

 이번의 册題는 書寫自然이라 했다. 이 제목은 이 책의 첫머리에 나오는 오언절구의 詩題를 그대로 사용했다. 무슨 의미가 있어서도 아니고, 숨겨둔 다른 재미가 있어서 채택한 것도 아니다. 구태여 별스럽지 않는 내용을 뒤적여 가면서 책제로 꾸미고 싶은 생각이 없었기 때문이라고 한다면 그것이 작은 이유가 될 수두 있을 것이다.

많은 글을 쓰다보면, 그깃도 詩語를 모아보면, 그에 합당한 책제가 필요하기 마련이다. 앞에서 말한 것처럼 평상심의 시어모음에서 따로 꾸며보고 싶은 책제를 정하기가 쉽지 않다. 그래서 그저 평상심에서 생각나는 그대로를 제목으로 정했다.

이번 책에서도 오언절구를 시작으로 하여 칠언율시에 이르기까지 나름대로는 다양하게 꾸며보려는 의도가 있었다. 그러나 작시의 범주가 그렇게 넓지 않는 관계로 평범한 내용으로 일관하고 말았다.

시는 나의 개인적인 인간사에서 시작과 마지막을 장식하는 조용한 旗幟이다. 대개 시는 言志라 하여 高尙한 설명을 하는 경우가 있다. 그렇지만 역사적으로 명시로 남은 것은 보통사람들이 생각하는 것과 그다지 차이가 없다. 그저 누구의 시라고 하니까 그 명성에 매료되어 붙게 되는 프리미엄이 자연스럽게 증가하면서 그에 대한 애정도 漸增한다. 그래서 생긴 認識度가 명시를 만드는 것이다. 시를 읊는 사람은 李白이나 杜甫를 모를 리 없다. 그러나 그들은 지금시대를 모르기 때문에 우리와는 확실히 다르다. 그럼에도 불구하고 시대적인 배경과 문화적인 乖離를 깜박 잊게 하는 부분을 우리는 지나치고 있다.

이백이 본 달(月)과 두보가 본 강물, 아니면 청산이, 내가 본 것과 어떻게 다를 것인가. 시인들이 표현하는 것은 철학을 前提한다고는 하지만 주변에 자연이 없다면 결코 멋진 글을 써 낼 수가 없다. 이는 관념적인 吟詩만으로는 名詩를 쓸 수가 없다는 뜻이다.

朱子(朱熹)가 武夷山下의 紫陽書院에서 공부할 때에 지은 武夷九曲歌가 있다. 워낙이 주자의 작품이라 당시의 사람들도 그랬든가 후세 사람들은 그 시를 놓고 철학적인 해석을 하고 있다. 현장을

가 봤다. 멋진 경치가 주변에 들어차 있었다. 축구장 두 배나 됨직한 바위절벽인 萬仞石屛이 있는가 하면, 63빌딩과 같은 깎아 세운 듯한 네모진 바위덩어리 하나가 하늘 높이 솟아있었다. 이름 하여 竹筍峰이다. 현장에서 바라보면 누구든 주자와 같은 생각을 할 수밖에 없을 것이다.

  조선의 큰 선비들 가운데 퇴계선생은 일찍이 그 무이구곡가에 홀려서 不滅의 陶山十二曲歌를 지어냈다. 그러한 무이산 현장에 직접 가 본 조선 선비는 기록에서 읽은 적이 없다. 지난 세기 말엽에 중국과의 국교가 트이고 이 나라의 有名書藝家 중에서 몇 분이 다녀왔다. 그러나 그에 대한 소감을 시로 발표한 분은 없었다. 나는 그곳을 살펴보니 과연 朱子라면 그러한 글이 나올 수밖에 없다는 느낌이 바로 왔다. 당연히 현장의 명산을 오르고, 仙境의 武夷溪를 竹筏을 타고 아홉 구비를 돌면서 新武夷九曲歌를 지었다. 그 시는 몇 해 전 필자의 회갑기념전시 때 발표를 한 바가 있다. 그렇지만, 사람들은 그에 대한 관심을 보여주지 않았다. 당연히 시의 내용에도 문제가 있을 수 있다. 그러나 나의 경우는 철학과 무관한 경치의 안내라고 전제를 했다. 그것은 나의 속내를 일부분이나마 감출 수가 있었기 때문에 한 말이었다. 아무튼 이번에도 많은 곳에서 지적 사항이 있을 것이다. 그러나 언제나 사랑스런 마음으로 읽어주시는 독자들이 계시기에 그저 고맙다는 생각뿐이다. 다음에는 어떻게 하든지 더욱 잘 해봐야지 라고 다짐하면서 서언에 갈음하는 바이다.

                                          2010년 10월   일
                        於漢江邊摘星樓   農山外士 鄭充洛 記識

書寫自然
目　　次

Ⅰ. 五言絶句

1. 書寫自然 …………… 19
2. 自然 ………………… 19
3. 書痕 ………………… 20
4. 不怡政治 …………… 20
5. 春氣 ………………… 21
6. 春景 ………………… 21
7. 自然(1) ……………… 22
8. 雜詩(1) ……………… 22
9. 梅(1) ………………… 23
10. 不願 ………………… 23
11. 春思 ………………… 24
12. 相尊 ………………… 24
13. 次韻 ………………… 25
14. 玉水驛 ……………… 25
15. 無題(2) ……………… 26
16. 洛山寺 ……………… 26
17. 憶草衣禪師 ………… 27
18. 憶佛國寺 …………… 27
19. 淸風 ………………… 28
20. 違行 ………………… 28
21. 炎天村老 …………… 29
22. 6・25, 55周年所懷(2) ……… 29
23. 綠陰弄綠(2) ………… 30
24. 綠陰弄綠(3) ………… 30
25. 國書聯江華行 ……… 31
26. 主張(2) ……………… 31
27. 日常 ………………… 32
28. 畵思考 ……………… 32
29. 凌霄花所見 ………… 33
30. 讀書 ………………… 33
31. 千字文禮讚 ………… 34
32. 爲太平言 …………… 34
33. 漢江邊 ……………… 35
34. 四君子 ……………… 35
35. 樂詩書 ……………… 36
36. 君子 ………………… 36
37. 月夜 ………………… 37
38. 看景色 ……………… 37
39. 白頭山 ……………… 38
40. 早朝 ………………… 38
41. 柳 …………………… 39
42. 童多僧 ……………… 39
43. 山寺 ………………… 40
44. 江岸照陽 …………… 40

- 45. 仁寺아-트인테리어 小品展(3) ·· 41
- 46. 無心 ································ 41
- 47. 苦惱 ································ 42
- 48. 喜 ··································· 42
- 49. 法 ··································· 43
- 50. 國 ··································· 43
- 51. 月下卽事 ·························· 44
- 52. 炎天 ································ 44
- 53. 憶花石亭 ·························· 45
- 54. 筆痕 ································ 45
- 55. 讀書(2) ···························· 46
- 56. 爭 ··································· 46
- 57. 庭裏雀群 ·························· 47
- 58. 避酒家 ····························· 47
- 59. 豊年豫告 ·························· 48
- 60. 無題(9) ···························· 48
- 61. 西海 ································ 49
- 62. 無題 ································ 49
- 63. 江岸風景 ·························· 50
- 64. 濟州片鱗 ·························· 50
- 65. 環境適應 ·························· 51
- 66. 書 ··································· 51
- 67. 鳥鳴(1) ···························· 52
- 68. 鳥鳴(2) ···························· 52
- 69. 何江岸景色 ······················· 53
- 70. 蟬鳴夏季(2) ····················· 53
- 71. 愛情 ································ 54
- 72. 心中有畵 ·························· 54
- 73. 藝術根源讀書 ···················· 55
- 74. 炎天何日 ·························· 55
- 75. 春景 ································ 56
- 76. 訪古利時 ·························· 56
- 77. 春景黃鳥 ·························· 57
- 78. 暮春 ································ 57
- 79. 只今 ································ 58
- 80. 雨 ··································· 58
- 81. 夢遊桃源圖所懷(2) ············ 59
- 82. 閑日卽事(1) ····················· 59
- 83. 制憲58周年(2) ·················· 60
- 84. 炎 ··································· 60
- 85. 日常(1) ···························· 61
- 86. 日常(2) ···························· 61
- 87. 無題 ································ 62
- 88. 無題 ································ 62
- 89. 書者情 ····························· 63
- 90. 夏季節 ····························· 63
- 91. 申澈均敎授(2) ·················· 64
- 92. 申澈均敎授(3) ·················· 64
- 93. 秋 ··································· 65
- 94. 看自然 ····························· 65
- 95. 文思 ································ 66
- 96. 憶秋 ································ 66
- 97. 七月閑村 ·························· 67
- 98. 夏日有感 ·························· 67
- 99. 漢京書會1回展所見(1) ······· 68
- 100. 舍亐木浦食堂(3) ·············· 68

101. 無題 …… 69	129. 精神 …… 83
102. 無題 …… 69	130. 相異 …… 83
103. 水流閑處 …… 70	131. 世事不關 …… 84
104. 厭炎 …… 70	132. 霞景 …… 84
105. 好文 …… 71	133. 故鄕消息 …… 85
106. 行爲 …… 71	134. 待君 …… 85
107. 然 …… 72	135. 精神表現 …… 86
108. 無題 …… 72	136. 痕迹 …… 86
109. 人物畵 …… 73	137. 思考避暑 …… 87
110. 南山清潔(2) …… 73	138. 因緣 …… 87
111. 正直 …… 74	139. 詩文考東坡 …… 88
112. 虛(1) …… 74	140. 流頭節 …… 88
113. 自娛 …… 75	141. 蓮池 …… 89
114. 換羽 …… 75	142. 無題 …… 89
115. 自娛也 …… 76	143. 漢江岸近景色 …… 90
116. 竹(1) …… 76	144. 炎天(1) …… 90
117. 寒村 …… 77	145. 江岸風景 …… 91
118. 安 …… 77	146. 詩 …… 91
119. 夏朝 …… 78	147. 竹 …… 92
120. 太平 …… 78	148. 藝 …… 92
121. 無題 …… 79	149. 盜聽有感 …… 93
122. 讀書 …… 79	150. 憶巨濟南域(1) …… 93
123. 書寫所懷 …… 80	151. 於病院(7) …… 94
124. 書 …… 80	152. 獨島意見(2) …… 94
125. 事 …… 81	153. 獨島意見(5) …… 95
126. 意 …… 81	154. 北側參拜顯忠院 …… 95
127. 江流 …… 82	155. 願統一 …… 96
128. 何日早朝 …… 82	156. 願統韓 …… 96

157. 我生涯 …… 97	4. 一杯前 …… 114
158. 夜景幽處 …… 97	5. 現狀 …… 115
159. 獨島守備 …… 98	6. 熱河一夕 …… 116
160. 아! 金剛 …… 98	7. 於漢城 …… 117
161. 讀栗谷金剛詩 …… 99	8. 看壁畵(華溪寺) …… 118
162. 金剛讚揚 …… 99	9. 孤雲先生詩改作 …… 119
163. 早秋 …… 100	10. 憶瑞雲庵 …… 120
164. 夕陽 …… 100	11. 金剛山觀光 …… 121
165. 健康 …… 101	12. 無題 …… 122
166. 九月 …… 101	13. 古利壁畵(1) …… 123
167. 乙酉早秋 …… 102	14. 李白詩憶王右軍次韻 …… 124
168. 幽玄處 …… 102	15. 籬菊 …… 125
169. 早秋何日 …… 103	16. 浮世 …… 126
170. 早秋有感 …… 103	17. 偶事一事 …… 127
171. 漢江兩堤景色 …… 104	18. 思故鄉 …… 128
172. 秋天 …… 104	19. 聽於北側顯忠院參拜 …… 129
173. 文生處 …… 105	20. 日沒風景 …… 130
174. 痕迹 …… 105	21. 看八‧一五祝祭 …… 131
175. 早秋一見(3) …… 106	
176. 蝶號日本到 …… 106	Ⅲ. 七言絶句
177. 眞實 …… 107	
178. 思考 …… 107	1. 憶海兵(1) …… 135
179. 江岸景致 …… 108	2. 念書道 …… 135
	3. 樂園 …… 136
Ⅱ. 五言律詩	4. 夏日夕陽 …… 136
	5. 書藝根本 …… 137
1. 自然自輝 …… 111	6. 紫陽精舍 …… 137
2. 仙家 …… 112	7. 憶武夷九曲 …… 138
3. 畵裏休 …… 113	8. 靑山 …… 138

9. 五月 ································· 139	37. 自然 ································· 153
10. 肇春 ································· 139	38. 對評論 ····························· 153
11. 七香 ································· 140	39. 遊自然 ····························· 154
12. 晚春 ································· 140	40. 漢江邊 ····························· 154
13. 禪房 ································· 141	41. 憶泗川 ····························· 155
14. 夏景卽事 ·························· 141	42. 華墨書家會展 ··················· 155
15. 冶隱詩次韻 ······················· 142	43. 聽河東梅花消息 ················ 156
16. 晚夏 ································· 142	44. 晚春所懷(1) ······················ 156
17. 松岩咸泰永名言實狀 ········· 143	45. 日暮弄筆 ·························· 157
18. 一杯濁酒 ·························· 143	46. 憶矗石樓 ·························· 157
19. 去春 ································· 144	47. 南北長官級會議結果所懷 ···· 158
20. 書寫精神 ·························· 144	48. 市街情景 ·························· 158
21. 自然(2) ····························· 145	49. 炎天之下 ·························· 159
22. 憶河東紅梅 ······················· 145	50. 詩文 ································· 159
23. 名言 ································· 146	51. 第21回 蘭亭筆會(1) ··········· 160
24. 書味 ································· 146	52. 第21回 蘭亭筆會(2) ··········· 160
25. 自然力 ····························· 147	53. 海兵千期(1) ······················ 161
26. 忠義精神 ·························· 147	54. 憶春梅 ····························· 161
27. 槿域四季 ·························· 148	55. 春氣 ································· 162
28. 感秋色 ····························· 148	56. 於廣城堡 ·························· 162
29. 淸溪景色 ·························· 149	57. 憶江華赤霞 ······················· 163
30. 相尊思想 ·························· 149	58. 顧江華 ····························· 163
31. 太平 ································· 150	59. 三淸詩社 詩·書展 ············ 164
32. 書藝姿勢 ·························· 150	60. 細雨降日卽事 ··················· 164
33. 文忌避 ····························· 151	61. 霪雨被害(1) ······················ 165
34. 茶泉金鍾源看乙酉展獨步 ···· 151	62. 遊江華 ····························· 165
35. 文誇 ································· 152	63. 主張(1) ····························· 166
36. 詩想(1) ····························· 152	64. 因緣 ································· 166

65. 消日 ………………… 167	93. 思秋 ………………… 181
66. 雨中江岸景色 ……… 167	94. 文名虛名 …………… 181
67. 好書(1) ……………… 168	95. 憶孟思誠 …………… 182
68. 好書(2) ……………… 168	96. 古寺一隅 …………… 182
69. 好書(3) ……………… 169	97. 士行 ………………… 183
70. 第4回 東洋書藝大展 … 169	98. 故鄕 ………………… 183
71. 養素軒展示 ………… 170	99. 仁寺 아트인테리어 小品展(1) … 184
72. 月夜看不同一筆 …… 170	100. 仁寺 아트인테리어 小品展(2) ‥ 184
73. 世評 ………………… 171	101. 南瓜花 ……………… 185
74. 於江華 ……………… 171	102. 何日偶思 …………… 185
75. 韓國書藝家協會40回展 … 172	103. 精神 ………………… 186
76. 釣士 ………………… 172	104. 歷史之痕迹 ………… 186
77. 人生 ………………… 173	105. 姜沆詩次韻 ………… 187
78. 爲名利 ……………… 173	106. 憶光復六十年 ……… 187
79. 憶梅 ………………… 174	107. 行書 ………………… 188
80. 江華第一峰 ………… 174	108. 江岸景致 …………… 188
81. 經濟至難(1) ………… 175	109. 春景 ………………… 189
82. 文生 ………………… 175	110. 言行記錄 …………… 189
83. 經濟至難(2) ………… 176	111. 操身 ………………… 190
84. 泰安 ………………… 176	112. 讀後感朝鮮之心(1) … 190
85. 雨天卽事 …………… 177	113. 市場 ………………… 191
86. 扇面展 ……………… 177	114. 仙人歸路 …………… 191
87. 日沒樽前 …………… 178	115. 讀後感朝鮮之心(2) … 192
88. 花遊 ………………… 178	116. 讀後感朝鮮之心(3) … 192
89. 憶梅 ………………… 179	117. 讀後感朝鮮之心(4) … 193
90. 憶去年秋季 ………… 179	118. 心 …………………… 193
91. 仙人幽處 …………… 180	119. 人生如此 …………… 194
92. 鳥遊 ………………… 180	120. 憶黃喜政丞 ………… 194

121. 何日夕 ········· 195	149. 奉恩寺周邊 ········· 209
122. 讀書(1) ········· 195	150. 江岸 ········· 209
123. 古事 ········· 196	151. 蟬鳴夏季(1) ········· 210
124. 런던 테러 ········· 196	152. 藝苑 ········· 210
125. 春興索酒家 ········· 197	153. 炎天 ········· 211
126. 月仄 ········· 197	154. 先驅 ········· 211
127. 三淸詩社展所見 ········· 198	155. 詳言 ········· 212
128. 和 ········· 198	156. 藝文會展所見(1) ········· 212
129. 又漢江 ········· 199	157. 藝文會展所見(2) ········· 213
130. 無題 ········· 199	158. 憶廈門(샤먼)印象 ········· 213
131. 自然根本 ········· 200	159. 書畫同 ········· 214
132. 蘭亭筆會 21回 德島(도꾸지마)展 ·· 200	160. 意中有畫 ········· 214
133. 退溪先生詩次韻 ········· 201	161. 亂政 ········· 215
134. 坐禪 ········· 201	162. 於高速道上 ········· 215
135. 德 ········· 202	163. 樹下陰濃 ········· 216
136. 言君子 ········· 202	164. 錦江遊園地 ········· 216
137. 雨期江頭景色 ········· 203	165. 人生 ········· 217
138. 吾亭三女婚事 ········· 203	166. 祈禱 ········· 217
139. 汝矣公園 ········· 204	167. 憶桃花境 ········· 218
140. 서울書藝비엔날레贋品是非(1) · 204	168. 幽谷處士 ········· 218
141. 三淸詩社 ········· 205	169. 朝鮮歷史 ········· 219
142. 自作 ········· 205	170. 讀書之味 ········· 219
143. 서울書藝비엔날레贋品是非(2) · 206	171. 安平大君 ········· 220
144. 서울書藝비엔날레贋品是非(3) · 206	172. 安堅畵痕 ········· 220
145. 炎天閑事 ········· 207	173. 泛翁 ········· 221
146. 不依支 ········· 207	174. 制憲58周年 ········· 221
147. 思慮 ········· 208	175. 聾谷展所見 ········· 222
148. 難局(2) ········· 208	176. 夏(1) ········· 222

177. 夏(2) …………… 223	205. 閑暇夏日 …………… 237
178. 詩難 …………… 223	206. 歷史根源 …………… 237
179. 緣京學印展(1) …… 224	207. 藝文會展所見(3) …… 238
180. 吉再先生詩述志次韻 … 224	208. 避暑 …………… 238
181. 緣京學印展(2) …… 225	209. 季節歌 …………… 239
182. 勞動爭議 …………… 225	210. 大廈 …………… 239
183. 無題 …………… 226	211. 江色 …………… 240
184. 柳絲 …………… 226	212. 早朝江景 …………… 240
185. 江岸景致 …………… 227	213. 趙柄賢畵伯之草綠七月畵所見 ‥ 241
186. 夕陽 …………… 227	214. 海邊一隅 …………… 241
187. 何日炎天 …………… 228	215. 唯遠統一 …………… 242
188. 首爾(서울)公園 …… 228	216. 政經正體 …………… 242
189. 輓李玖公逝去 …… 229	217. 蟬聲 …………… 243
190. 夏日卽事 …………… 229	218. 舍乎木浦食堂(1) …… 243
191. 自然態 …………… 230	219. 舍乎木浦食堂(2) …… 244
192. 文 …………… 230	220. 舍乎木浦食堂(4) …… 244
193. 鵝 …………… 231	221. 漢京書會1回展所見(2) … 245
194. 申澈均敎授(1) …… 231	222. 無題(3) …………… 245
195. 四名遊席 …………… 232	223. 無題(4) …………… 246
196. 世事一件 …………… 232	224. 看秋 …………… 246
197. 古刹壁畵(2) …… 233	225. 寫意 …………… 247
198. 賞梅 …………… 233	226. 雲 …………… 247
199. 正論追從 …………… 234	227. 時節 …………… 248
200. 花心 …………… 234	228. 畫 …………… 248
201. 聽蟬聲 …………… 235	229. 虛慾 …………… 249
202. 趙淳 …………… 235	230. 蟬 …………… 249
203. 何日樹陰暫思 …… 236	231. 首爾(서울)公園所見 …… 250
204. 記錄 …………… 236	232. 炎天閑日 …………… 250

233. 憶東坡先生 …… 251	261. 炎天順應 …… 265
234. 言朋 …… 251	262. 自然屛 …… 265
235. 醫員 …… 252	263. 人情 …… 266
236. 南山淸潔(1) …… 252	264. 早朝鮮露 …… 266
237. 鞡啓功先生靈前 …… 253	265. 聽書藝乊呂解明 …… 267
238. 凍雨 …… 253	266. 思考 …… 267
239. 虛(2) …… 254	267. 憶南海(1) …… 268
240. 修身態度 …… 254	268. 憶南海(2) …… 268
241. 6001首 …… 255	269. 士心 …… 269
242. 憶淵翁李家源先生 …… 255	270. 相異 …… 269
243. 精氣 …… 256	271. 看南山 …… 270
244. 思東坡言 …… 256	272. 霞 …… 270
245. 雨 …… 257	273. 淸潭洞江岸 …… 271
246. 三蘇 …… 257	274. 南山 …… 271
247. 野松美術館 …… 258	275. 無聊 …… 272
248. 待仙 …… 258	276. 氣韻 …… 272
249. 竹(2) …… 259	277. 過程 …… 273
250. 古典 …… 259	278. 聽初步 …… 273
251. 正書 …… 260	279. 所聞 …… 274
252. 文 …… 260	280. 炎天(1) …… 274
253. 悅話第20號 …… 261	281. 熱帶夜 …… 275
254. 處身 …… 261	282. 於病院(1) …… 275
255. 濟州自治投票所見 …… 262	283. 於病院(2) …… 276
256. 不法盜聽有感 …… 262	284. 盜聽有感(1) …… 276
257. 相尊 …… 263	285. 凍雨 …… 277
258. 何日卽事 …… 263	286. 降雨現狀 …… 277
259. 藝術精神 …… 264	287. 盜聽有感(2) …… 278
260. 八月夕陽 …… 264	288. 韓・日蹴球有感 …… 278

289. 아시아나操縱士 罷業有感 ·· 279
290. 六者會談北側態度 ········· 279
291. 雨氣灰天 ················ 280
292. 於病院(3) ················ 280
293. 日本議會解散有感 ········ 281
294. 於病院(4) ················ 281
295. 於病院(5) ················ 282
296. 憶武夷九曲景致 ·········· 282
297. 紙幣印章交替所感(1) ····· 283
298. 紙幣印章交替所感(2) ····· 283
299. 於病院(6) ················ 284
300. 詩文生活 ················ 284
301. 作詩過六千首 ············ 285
302. 自然 ···················· 285
303. 海兵一千期修了 ·········· 286
304. 夏季水難 ················ 286
305. 日本小泉總理失策 ········ 287
306. 文化自存 ················ 287
307. 火災注意 ················ 288
308. 필-하모니(1) ············· 288
309. 필-하모니(3) ············· 289
310. 病魔相爭 ················ 289
311. 好藝 ···················· 290
312. 歲月順應 ················ 290
313. 憶金井山頂 ·············· 291
314. 憶釜山港(1) ·············· 291
315. 憶釜山港(2) ·············· 292
316. 東海釜山 ················ 292

317. 釜山松島 ················ 293
318. 壁 ······················ 293
319. 憶巨濟南域(1) ············ 294
320. 憶晉州 ·················· 294
321. 憶矗石樓 ················ 295
322. 南北畵像對話(1) ·········· 295
323. 韓總聯赦免有感 ·········· 296
324. 相生 ···················· 296
325. 行政 ···················· 297
326. 世上無不詩 ·············· 297
327. 南北畵像對話(2) ·········· 298
328. 獨島橫斷水泳 ············ 298
329. 乙酉末伏 ················ 299
330. 寫竹 ···················· 299
331. 願蘇軾同遊 ·············· 300
332. 休 ······················ 300
333. 憶西湖畔西泠印社 ········ 301
334. 畵中 ···················· 301
335. 願和合 ·················· 302
336. 考秋 ···················· 302
337. 獨島意見(3) ·············· 303
338. 서울비엔날레 僞作所見 ··· 303
339. 畵家思考 ················ 304
340. 晚夏何日 ················ 304
341. 肇秋豫感 ················ 305
342. 奉恩寺板殿 ·············· 305
343. 難作詩 ·················· 306
344. 南北蹴球所見(1) ·········· 306

345. 南北蹴球所見(2) ············ 307	373. 平等 ·························· 321
346. 雪嶽 ······························ 307	374. 來日處暑 ····················· 321
347. 南北畵像相逢所見 ············ 308	375. 回生 ··························· 322
348. 念願統一 ····················· 308	376. 九月天開 ····················· 322
349. 光復節短見 ·················· 309	377. 無變漢江 ····················· 323
350. MBC 아침방송 ·············· 309	378. 自然 ··························· 323
351. 上巖蹴球場短見 ············ 310	379. 自然景觀 ····················· 324
352. 看韓半島旗幟 ················ 310	380. 記錄 ··························· 324
353. 唯願金剛 ····················· 311	381. 江原道推薦招待作家展有感(1) · 325
354. 讀栗谷先生金剛山踏査記(1) ·· 311	382. 江原道推薦招待作家展有感(2) · 325
355. 考金剛(1) ····················· 312	383. 看仁川亞洲陸上競技 ······ 326
356. 考金剛(2) ····················· 312	384. 南海錢魚 ····················· 326
357. 憶鏡浦臺 ····················· 313	385. 看束草 ························ 327
358. 嶺東高速道關東築高橋 ···· 313	386. 江岸所見 ····················· 327
359. 到秋 ··························· 314	387. 自然崇尙 ····················· 328
360. 讀栗谷先生金剛山踏査記(2) ·· 314	388. 釜山 비엔날레(1) ············ 328
361. 晩夏 ··························· 315	389. 釜山 비엔날레(2) ············ 329
362. 父母 ··························· 315	390. 書 ······························ 329
363. 八·一五記念 ················ 316	391. 病床 ··························· 330
364. 憶端宗哀史 ·················· 316	392. 早朝肇秋 ····················· 330
365. 生命 ··························· 317	393. 蝶北上 ························ 331
366. 希望 ··························· 317	394. 何日夕陽 ····················· 331
367. 乙酉七夕(1) ··················· 318	395. 晝夜 ··························· 332
368. 乙酉七夕(2) ··················· 318	396. 肇秋所見 ····················· 332
369. 回期 ··························· 319	397. 鞬靜香先生靈前 ············ 333
370. 江色 ··························· 319	398. 人心 ··························· 333
371. 夏景 ··························· 320	399. 肇秋江山 ····················· 334
372. 何皁 ··························· 320	400. 文源 ··························· 334

401. 無題(3) ········· 335
402. 早秋一見(1) ········· 335
403. 早秋一見(2) ········· 336
404. 順理 ········· 336
405. 文悅 ········· 337
406. 人生 ········· 337
407. 行實 ········· 338
408. 歲月 ········· 338
409. 漢南教會有感 ········· 339

Ⅳ. 七言律詩

1. 舊友 ········· 343
2. 爲畫論 ········· 344
3. 6·25, 55周年所懷(1) ········· 345
4. 第3回 大韓民國文人畫協會屛風展所懷 · 346
5. 綠陰弄綠(1) ········· 347
6. 弄梅花 ········· 348
7. 國書聯江華逍風 ········· 349
8. 江華遊戲 ········· 350
9. 三淸詩社二回展所懷(2) ········· 351
10. 踩山金善源回甲記念展頌 ········· 352
11. 思政治 ········· 353
12. 讀後感朝鮮之心(5) ········· 354
13. 閑日卽事 ········· 355
14. 江岸景致 ········· 356
15. 元老 ········· 357
16. 書寫精神 ········· 358
17. 憶濟州 ········· 359
18. 難局(1) ········· 360
19. 月明冠岳 ········· 361
20. 浦項行 ········· 362
21. 春景筆寫 ········· 363
22. 過光復60年 ········· 364
23. 夢遊桃源圖所懷(1) ········· 365
24. 漢江邊一隅 ········· 366
25. 寒士日常 ········· 367
26. 吾佛 ········· 368
27. 洌上詩社七月雅會(改憲有感) · 369
28. 洌上詩社八月雅會(光復節有感) · 370
29. 六千首詩想 ········· 371
30. 亂時情景 ········· 372
31. 無常歲月 ········· 373
32. 世上事 ········· 374
33. 江岸卽事 ········· 375
34. 南北蹴球試合結果所見 ········· 376
35. 필-하모니(2) ········· 377
36. 獨島意見(1) ········· 378
37. 獨島意見(4) ········· 379
38. 我江山 ········· 380
39. 願國家統一 ········· 381
40. 아! 白頭山 ········· 382

Ⅰ. 五言絶句

1. 書寫自然

書寫精神妙, 筆端韻氣生.
鴻儒談笑樂, 形象自然聲.

서사의 정신이 묘하니,
붓끝에 운기가 생기네.
큰선비 얘기로 즐기니,
모양은 자연의 소릴세.

2. 自然

早夏平原綠, 碧天遠片雲.
自然情趣妙, 不墨畵屛云.

초여름의 평원은 푸르니,
하늘엔 조각구름 멀어져.
자연의 정취가 기묘하니,
그대로 화병이라 한다네.

3. 書痕

書道根源妙, 心痕情感生.
薰風楊柳動, 形象豪端驚.

서도의 근원이 묘하니,
마음에 정감이 생기네.
훈풍에 버들이 움직여,
모양은 붓끝이 놀라네.

4. 不怡政治

歐洲同席樂, 地域束依支.
南北何時結, 政治尚不怡.

유럽과 같이한 즐거움,
지역은 기대며 합치네.
남북은 언제나 뭉치나,
정치는 오히려 안기뻐.

5. 春氣

夕陽花發態, 不語滿衣香.
春色多情感, 必然到草堂.

석양은 꽃피는 듯하니,
말없이 옷향기 가득해.
봄빛은 정감이 많으니,
반드시 초당에 오리라.

6. 春景

春水魚遊樂, 江頭柳影長.
青堤人跡絶, 間或鷰飛翔.

봄물에 고기들 즐겁고,
강두엔 버들이 길고나.
강둑엔 인적이 끊어져,
간간이 제비만 나는데.

7. 自然(1)

不知春意絶, 花落客何愁.
綠樹元同色, 水流亦自流.

모르는 봄맛이 끊어져,
꽃 지자 손님의 시름이.
녹수는 같은 색 최고라,
수류는 이 역시 자류라.

8. 雜詩(1)

故鄕君自到, 變化卽應知.
昨日窓前景, 只今視未怡.

고향엔 그대가 갔으니,
변화의 적응을 알겠지.
어제의 창전에 경치는,
지금도 기쁨을 못보네.

9. 梅(1)

江岸梅花發, 清香播近隣.
早春紅白染, 何者必然親.

강둑에 매화가 피는데,
향기는 근처에 퍼지네.
이른봄 홍백이 물들어,
누구든 반드시 친하네.

10. 不願

名言佳句用, 本質守爲臨.
逸脫心情動, 必然無慾深.

명언과 가구의 사용은,
본질을 지키기 위해서.
벗어난 심정의 움직임,
반드시 욕심은 없다네.

11. 春思

南國梅花發, 春來必是開.
問君何意有, 此卽節期魁.

남국엔 매화가 피는데,
봄이면 반드시 열리네.
그대여 무슨뜻 있는가,
이것이 절기의 머리라.

12. 相尊

名利完全遠, 當然奉仕要.
互相尊重有, 期必一生描.

명리는 완전히 멀어져,
당연히 봉사가 필요해.
서로의 존중만 있다면,
기필코 일생을 그리지.

13. 次韻

書寫心痕見, 眞情藝術言.
他人文亦借, 必是理由元.

서사의 흔적을 살펴서,
진정한 예술을 말하네.
타인의 문적을 빌림은,
반드시 이유가 먼저라.

14. 玉水驛

玉水多人集, 重要驛換乘.
四方來往客, 洌水白鷗增.

옥수에 사람들 모임은,
중요한 환승의 역일세.
사방을 오가는 객들과,
한강의 갈매기 불어나.

15. 無題(2)

嶺外淡雲散, 松間琴響生.
閑流江岸坐, 兩事我無驚.

영외는 담운이 흩어져,
솔밭엔 소리가 들리네.
한가히 강가에 앉으니,
두 일에 나는 안 놀라.

16. 洛山寺

江原洛山寺, 眼前忽然消.
山火原因語, 人間限界描.

강원도 낙산사 고찰은,
눈앞에 홀연히 사라져.
산불의 원인을 말하니,
인간의 한계를 그리네.

17. 憶草衣禪師

山影含煙覆, 禪茶不二言.
詩書同味境, 是卽草衣魂.

산그늘 이내가 뒤덮듯,
선다는 같다고 말하네.
시서의 경지도 같은 맛,
이것이 초의의 혼일세.

18. 憶佛國寺

佛國高多寶, 釋迦雙璧姿.
信心形象讀, 祖上詣知怡.

불국사 다보탑 높은데,
석가탑 쌍벽의 자셀세.
신심의 형상을 읽으면,
조상의 깨달음 기쁘네.

19. 淸風

明月天空掛, 微風我近時.
何人涼氣感, 難得是如怡.

명월은 하늘에 걸렸고,
미풍이 가까이 불때에.
누구든 서늘함 느끼지,
얻기가 어려운 이기쁨.

20. 違行

子規花落泣, 江岸白鷗飛.
歲月無知兩, 人間不斷違.

두견새 꽃지니 우는데,
강안에 갈매기 난다네.
세월을 아울러 모르니,
인간들 언제나 틀리네.

21. 炎天村老

青麥平原舞, 長鳴雲雀群.
微風炎氣洗, 農老汗流云.

청보리 평원에 춤추니,
길게 우는 종달새무리.
미풍에 더위를 씻는데,
농노는 땀 흘리고 있네.

22. 6·25, 55周年所懷(2)

民族相殘事, 已過雙五年.
只今南北戰, 方向不知連.

민족의 상잔한 일들이,
이미 오십 오년 지났네.
지금도 남북은 전쟁 중,
방향을 모르게 이어져.

23. 綠陰弄綠(2)

閑村江岸燕, 微雨四方霑.
山上暗雲覆, 陰濃樹下恬.

한촌의 강안에 제비가,
가랑비 사방을 적시네.
산위엔 암운이 덮였고,
그늘진 수하가 기쁘네.

24. 綠陰弄綠(3)

(籬上)薔薇花蕊馥, (播濃)香氣集蜂群.
(周邊)山麓淡煙霧, (如此)清風吾汝恬.

(울 위에) 장미의 꽃술이 향기가,
(짙은) 그 향기에 벌들이 모이네.
(주변의) 산 아래 연무가 묽은데,
(이러한) 청풍에 너와 나 기쁘네.

25. 國書聯江華行

天地連濃霧, 江華遊覽行.
國書聯企劃, 盡日樂相聲.

천지가 농무로 잇닿고,
강화에 유람을 갔다네.
국서련이 기획한 일로,
진종일 서로가 즐겼네.

*2005. 6. 26.

26. 主張(2)

性品宜相異, 何人讓步知.
必然同席避, 自己主張怡.

성품은 서로가 다르나,
누구든 양보를 안다네.
반드시 동석을 피하면,
자신의 주장에 기쁘네.

27. 日常

一家衣食考, 何者職場臨.
世事無關務, 宜當所得金.

일가의 의식을 생각해,
누구든 직장에 임하네.
세상사 모르는 척하면,
마땅히 소득은 금일세.

28. 畵思考

奇才思孔子, 有別聳顏回.
哲理心中起, 文章畵像催.

기재라 생각한 공자도,
별스레 안자를 공경해.
철리는 마음에 생기니,
문장과 그림을 펼치네.

29. 凌霄花所見

凌霄雲捲態, 向日露無心.
松近朱紅笑, 淸香暫我沈.

능소가 구름 걷은 모습,
해를 향해 무심히 젖네.
솔 근처 불그레 웃으니,
맑은 향 나에게 젖누나.

30. 讀書

天資何者有, 胸裏筆痕生.
所用常時起, 讀書能力聲.

자질은 누구나 있으니,
마음에 필흔이 생기네.
쓰임은 언제나 일어나,
독서는 능력의 소릴세.

31. 千字文禮讚

長歲千字義, 必知後學通.
賢人思考集, 彼我不忘同.

긴 세월 천자가 바르니,
반드시 후학은 통하리.
현인의 생각이 모이니,
너와 나 함께 잊지 말자.

32. 爲太平言

日月元天德, 山川我們居.
太平無事願, 如是短言舒.

일월은 하늘의 덕이요,
산천엔 우리가 거하네.
평안과 무사를 원하며,
이처럼 단언을 펼치네.

33. 漢江邊

昨日微風起, 今朝細雨來.
閑流江岸景, 無客片舟回.

어제는 미풍이 일더니,
금조엔 가랑비 내리네.
한가한 강안의 경치로,
객없는 쪽배만 돌아와.

34. 四君子

誰云君子別, 順序始梅蘭.
菊竹當然後, 言稱揮灑難.

뉘 말인가 별스런 군자,
순서는 매 난초 시작해.
국 죽은 당연히 뒤라서,
말로는 휘쇄가 어렵네.

35. 樂詩書

不滿人生百, 險難相樂娛.
詩書依託務, 萬事無不謀.

인생은 백세를 못살아,
험난중 서로가 즐기네.
시서에 의탁해 힘쓰면,
만사는 그대로 헤아려.

36. 君子

近者無君子, 交情常不安.
祥風煩動處, 苦樂兩相看.

근자에 군자가 없다니,
정나눔 언제나 불안해.
상풍도 귀찮은 곳에는,
고락이 서로를 볼텐데.

37. 月夜

詩索梅蘭察, 歸巢洌水流.
霧煙江岸覆, 明月照高樓.

시찾아 매란을 살피니,
돌아갈 한강이 흐르네.
연무는 강둑을 뒤덮고,
명월은 고루를 비추네.

38. 看景色

千里江山美, 樹林弄鳥群.
文人何處在, 是卽事當云.

천리 강산은 아름다워,
숲에는 새들이 재잘대.
문인은 어디에 있는가,
이것이 당연한 일일세.

39. 白頭山

白頭山氣韻, 民族象徵高.
五色祥雲繞, 精神不變遭.

백두산 정기와 운치엔,
민족의 상징이 높다네.
오색의 상운이 휘감아,
정신은 그대로 만나네.

40. 早朝

月落西岑暗, 淸風到樹林.
早朝珠白露, 遂感樂眞心.

달지자 서산은 어둡고,
청풍은 숲새에 이르네.
아침엔 구슬의 흰이슬,
드디어 진심을 느끼네.

41. 柳

江邊楊柳色, 天作妙簾絲.
洌水閑流上, 有情相感知.

강변에 버들의 색상은,
하늘이 만든 발이라.
한강이 한가히 흐르니,
정이란 서로가 느끼네.

42. 童多僧

削髮童僧樂, 世人胸裏悲.
何如環境換, 惟獨釋迦怡.

삭발한 동승은 즐겁고,
세인은 가슴이 슬프네.
어떠한 환경이 바뀌어도,
유독 석가만 기쁘네.

43. 山寺

採藥迎迷路, 千峰換早秋.
老僧何處在, 山上白雲浮.

약캐다 미로를 만나니,
천봉은 조추로 바뀌네.
노승은 어디에 계실까,
산상엔 백운만 떠있네.

44. 江岸照陽

江上鷗群弄, 閑流洌水長.
片舟無客渡, 兩岸照陽光.

강위엔 갈매기 노닐고,
한가한 한강은 길고나.
쪽배는 빈채로 건너도,
양둑엔 햇빛만 비치네.

45. 仁寺아트인테리어 小品展(3)

表現言辭讀, 個人生活知.
造形根本樂, 何者必然怡.

표현된 말들을 읽으니,
개인의 생활을 알겠네.
조형의 근본은 즐거워,
누구든 반드시 기쁘네.

*2005. 6. 29. ~ 7. 4.(於仁寺 아트)

46. 無心

硯上詩文起, 深山幽谷魂.
釋迦如此願, 何事謹心言.

벼루에 시문이 일어나,
심산은 유곡의 혼일세.
석가가 이렇게 원했나,
하사든 말들을 삼가야.

47. 苦惱

古寺高僧在, 仙人不變明.
騷擾行士客, 苦惱暫時聲.

고사엔 고승이 계시니,
선인은 그대로 분명해.
시끄런 사객이 나서니,
잠깐은 고뇌의 소리라.

48. 喜

人生如雨露, 離合不多知.
世上言中路, 也誰喜悅爲.

인생은 우로와 같으니,
이합이 많음을 알겠네.
세상엔 말속에 길이라,
누구든 기쁨을 위하네.

49. 法

法知須守法, 必是惠人多.
門外春風似, 案頭解決何.

법알면 마땅히 지키고,
반드시 베푼이 많다네.
문밖엔 봄바람 같은데,
책상엔 무엇을 풀어내.

50. 國

悠久王權願, 朝鮮五百年.
外邦干涉有, 民族兩分天.

유구한 왕권을 원해서,
조선은 오백년 버텼네.
외국의 간섭이 있어서,
민족이 양분된 오늘날.

51. 月下卽事

看花歸路遠, 弄月渡江遲.
景醉無垂釣, 世移我不移.

꽃 구경 귀로가 멀어져,
달 구경 도강도 늦었네.
경치에 낚시도 못하고,
세월은 가도 난 그대로.

52. 炎天

綠水靑山覆, 江邊水色淸.
炎天雲舞起, 恍惚自心聲.

녹수는 청산을 뒤덮고,
강변은 물색이 맑구나.
여름날 춤추듯 구름일어,
황홀한 자신의 마음소리.

53. 憶花石亭

水色高江岸, 坡州花石亭.
賢人痕迹聳, 栗谷士心停.

물색은 강둑에 푸른데,
파주에 화석정 높구나.
현인의 흔적이 솟아나,
율곡의 선비맘 머무네.

54. 筆痕

筆墨平生務, 豪端活氣全.
文痕心性讀, 理致自然連.

필묵은 한평생 힘쓰고,
붓끝의 활기는 온전해.
글흔적 심성을 읽으니,
이치는 자연히 이어져.

55. 讀書(2)

獨坐無人處, 後園弄雀群.
白雲天碧遠, 盡日卷中云.

아무도 없는데 혼자서,
후원의 참새떼 희롱해.
흰구름 하늘끝 저멀리,
왼종일 책속만 뒤지네.

56. 爭

白雲浮遠去, 世事變移同.
歲月無知換, 人間尚鬪中.

흰구름 저멀리 떠있고,
세상사 변함은 한가지.
세월이 모르게 바뀜은,
인간들 싸우는 가운데.

57. 庭裏雀群

薰風何處到, 庭裏樹間來.
鳥噪林陰起, 雀群雲集徊.

훈풍은 어디에 와있나,
정원의 나무새 와있네.
새들은 그늘서 재잘대,
참새들 뒤엉켜 노니네.

58. 避酒家

淸明甘雨降, 路上往來難.
何處在遊處, 酒家尚不安.

청명에 단비가 내리니,
노상은 다니기 어렵네.
어디가 놀만한 곳인가,
술집은 오히려 불안해.

59. 豊年豫告

春早來甘雨, 山川碧色明.
早期農事可, 豊年自然盈.

이른봄 단비가 내리니,
산천은 푸른색 분명해.
일찍이 농사가 되려나,
풍년은 자연히 찬다네.

60. 無題(9)

有時禪獨坐, 盡日靜門前.
秋史書痕好, 右軍筆墨傳.

어느날 혼자서 선하니,
왼 종일 문전이 조용해.
추사의 붓맛도 좋지만,
우군의 필묵을 전하네.

61. 西海

樹色江村染, 鐘聲古寺生.
無言流水滿, 西海自然驚.

나무색 강촌을 물들고,
종소리 고사에 울리네.
말없이 가득히 흐르니,
서해는 자연히 놀라네.

62. 無題

洌水輕舟渡, 南山高塔光.
紅霞冠岳掛, 是卽自然香.

한강은 쪽배로 건너니,
남산은 높은탑 빛나네.
붉은놀 관악에 걸리니,
이것이 자연의 향기라.

63. 江岸風景

暮雨樓臺覆, 涼風山野橫.
片舟江岸泊, 柳影白鷗迎.

저문비 누대를 뒤덮고,
양풍은 산야를 가르네.
쪽배는 강둑에 머물고,
유영은 갈매기 맞이해.

64. 濟州片鱗

不變三多島, 只今陸地同.
萬邦開放處, 國際市場風.

그대로 삼다도라 해도,
지금은 육지와 같다네.
세계에 개방한 곳이라,
국제적 시장의 풍칠세.

65. 環境適應

花柳無風動, 不成造花奇.
自然能萬事, 環境適應怡.

꽃버들 무풍에 움직여,
되잖은 기이한 조활세.
자연은 만사에 능하니,
환경에 적응해 기쁘네.

66. 書

日月星天主, 山川草木場.
人間頭萬物, 筆跡永存光.

일월성은 하늘의 주인,
산천과 초목은 시험장.
인간은 만물의 꼭대기,
필적도 영원한 빛일세.

67. 鳥鳴(1)

竹亭陰合夏, 何者待淸風.
樓閣煙中覆, 鳥鳴門外同.

여름철 대 그늘에 모여,
누구든 청풍을 기다려.
누각엔 이내가 뒤덮고,
새들은 밖에서 재잘대.

68. 鳥鳴(2)

千点荷聲報, 一林竹影同.
門前溪水潔, 牆外鳥鳴中.

천 점의 연잎소리 알려,
한 곳의 대 그늘과 같네.
문 앞엔 시냇물 맑은데,
담밖엔 새들이 재잘대네.

69. 何江岸景色

千里江山醉, 炎天何處同.
青堤魚影視, 風捲霧煙中.

천리라 강산에 취하니,
더운 날 어디나 같다네.
청제에 물고기 보이나,
바람 걷힌 이내 속에서.

70. 蟬鳴夏季(2)

蟬鳴何處起, 茂盛樹林中.
炎氣淸凉換, 霧煙別不同.

매미는 어디서 우는가,
무성한 숲속에서 일세.
더위는 시원히 바뀌나,
무연은 같지를 않다네.

71. 愛情

施人當勿念, 是卽愛情元.
相互尊崇味, 信心社會源.

베풂은 그대로 대하니,
이것이 애정의 최골세.
서로가 존숭한 맛이니,
믿음 사회의 근원이라.

72. 心中有畵

筆端能寫竹, 畵意出心中.
自覺詩書本, 精神形象通.

붓으로 능히 대나무 치니,
화의는 마음에서 나오네.
자각의 시서가 근본이니,
정신도 형상을 통한다네.

73. 藝術根源讀書

讀書凡俗除, 文士作精神.
形象同時換, 人言藝術親.

독서는 범속을 제외해,
문사의 정신을 만드네.
형상은 동시에 바뀌나,
사람말 예술과 친하네.

74. 炎天何日

煙霧山川覆, 蟬聲遠近同.
乍晴霖雨裏, 炎天草綠豊.

연무는 산천을 뒤덮고,
매미는 원근이 같구나.
개었다 장마가 지는데,
더운날 초록은 풍성해.

75. 春景

春景桃花寫, 閑村筆墨生.
山川香氣滿, 變化自然聲.

봄경치 도화를 그리고,
한촌에 필묵이 살았네.
산천은 향기가 가득해,
변화는 자연의 소릴세.

76. 訪古刹時

白雲山頂遠, 修竹聳松林.
閑寺聽音樂, 釋迦恩惠臨.

흰구름 산정에 멀지만,
수죽은 솔밭에 솟았네.
한사에 음악이 들리니,
석가의 은혜가 임했나.

77. 春景黃鳥

萬山芳草茂, 溪水靜霞中.
盡日開花弄, 到來黃鳥同.

만산엔 방초가 무성하고,
계수는 놀 속에 조용해.
진종일 꽃핌을 희롱하니,
찾아든 꾀꼬리도 같구나.

78. 暮春

楊柳垂陰處, 桃花紅照人.
鳥鳴寒食雨, 葉茂暮春伸.

버들이 늘어진 곳에서,
도화 붉게 사람에 비쳐.
새소리 한식에 비 오니,
잎 무성 늦은 봄 말하네.

79. 只今

解放惟形式, 黎民不變同.
政治娛樂若, 豊盛自他衡.

해방은 오로지 형식이라,
백성들 그대로 한가질세.
정치가 오락과 같다하면,
풍성함 자타가 고르리라.

80. 雨

眼前流水遠, 樓上鳥群飛.
窓外灰雲滿, 江村降雨非.

눈앞에 유수는 멀지만.
누상엔 새들이 날고나.
창밖은 구름이 어둑해,
강촌엔 비오지 않구나.

81. 夢遊桃源圖所懷(2)

安堅圖畵境, 神技筆痕言.
跋文文氣起, 仙客在閑村.

안견의 그림의 경지는,
신기의 필흔을 말하네.
발문에 문기가 일어나,
선객은 한촌에 있구나.

82. 閑日卽事(1)

閑門終日坐, 壁面自身看.
樹裏濃陰靜, 丹心此老安.

문닫고 진종일 앉아서,
벽면에 자신을 보았네.
숲속의 그늘이 조용해,
단심에 편안한 이노인.

83. 制憲58周年(2)

權力爲政背, 鬪爭憲政連.
只今非民主, 自由不最先.

권력은 정사를 등지고,
투쟁이 헌정에 이어져.
지금은 민주가 아니고,
자유도 최선이 아니지.

84. 炎

淸涼風到此, 明月照山河.
騷亂蟬聲近, 炎天何事何.

시원한 바람이 불어와,
명월은 산하를 비추네.
시끄런 매미가 가까워,
더위에 무엇이 무언지.

85. 日常(1)

千里煙波遠, 一行雁移儔.
斜陽霞陣處, 窓外黃券遊.

천리는 이내에 멀지만,
한 줄의 기러기 짝하네.
비낀 해 노을 진 곳에,
창밖엔 책들이 노니네.

86. 日常(2)

江上微風到, 山川綠水連.
白雲形象造, 喜悅我心先.

강위에 미풍이 이르니,
산천은 녹수로 이어져.
백운이 형상을 만드니,
기쁨은 내마음 먼절세.

87. 無題

水裏群魚躍, 碧天白鳥遊.
微風炎氣散, 竹影月明儔.

물속에 고기떼 뛰는데,
하늘엔 백조가 노니네.
미풍에 더위가 흩어져,
죽영은 밝은달 짝하네.

88. 無題

青竹蓮池合, 老松古寺留.
江湖殘歲月, 水上片舟浮.

청죽은 연지와 합하고,
노송은 옛절에 머무네.
강호에 세월만 남으니,
물위엔 쪽배만 떠있네.

89. 書者情

書者今同昔, 虛心有事無.
成文情裏樂, 汝亦必然娛.

서자는 고금이 한가지,
허심에 아무일 없어라,
글되면 정답게 즐기니,
너또한 반드시 즐겁지.

90. 夏季節

山靜幽蘭笑, 知己有舒情.
世事當言外, 日長風竹橫.

산고요 난초가 피는데,
지기는 서정이 있다네.
세상사 당연히 말밖에,
일장에 대바람 가르네.

91. 申澈均敎授(2)

自然生氣畵, 性品象形橫.
簡潔楠皐韻, 積墨世人驚.

자연은 살아있는 그림,
성품은 상형이 가르네.
간결한 남고의 운이라,
적묵에 세인들 놀라네.

*楠皐=申澈均敎授雅號

92. 申澈均敎授(3)

春川形象畵, 積墨筆端娛.
實態楠皐樂, 惟存妙境須.

춘천은 형상의 그림이,
적묵의 붓끝이 즐겁네.
실태를 남고가 즐기니,
생각은 마땅히 묘경이.

93. 秋

意合遊人會, 互相異見生.
表明常夏秀, 秋卽自淸聲.

뜻맞은 유인이 모여도,
서로가 이견이 생기네.
표명은 여름에 빼어나,
가을은 자청의 소리라.

94. 看自然

圖畵生山水, 虛心筆墨知.
自然常對話, 是卽作家怡.

그림에 산수가 생기니,
허심은 필묵이 안다네.
자연은 언제나 대화해,
이것이 작가 기쁨이라.

95. 文思

樹裏蟬聲起, 心中淸氣生.
炎天江岸好, 文士筆端橫.

숲속에 매미가 울어대,
마음엔 청기가 생기네.
더위엔 강둑이 좋으니,
문사의 붓끝이 가르네.

96. 憶秋

今年楓月到, 情景茂林看.
九十炎天熟, 樹花燦爛刊.

금년도 가을이 되더니,
정경은 무성함 보이네.
석달의 더위가 익으니,
단풍이 찬란히 보이네.

97. 七月閑村

七月山川綠, 白雲遠處飛.
樹林炎氣散, 季節象形輝.

칠월의 산천은 푸른데,
백운은 저멀리 떠있네.
숲에는 더위가 사라져,
계절은 모양이 빛나네.

98. 夏日有感

到處蟬聲滿, 炎天熱氣加.
臨溪幽谷好, 世事始余遐.

도처에 매미가 시끄러,
더위에 열기가 더하네.
개울에 유곡이 좋은데,
세상사 나하곤 멀다네.

99. 漢京書會1回展所見(1)

漢京書會展, 筆痕多樣明.
羅列圓形掛, 觀心大賞驚.

한경의 서회를 펼치니,
필흔은 분명히 다양해.
펼쳐서 둥글게 걸어도,
관심은 대상에 놀라네.

*2005. 7. 23.(의정부예술회관)

100. 송추木浦食堂(3)

郊外遊園地, 滿員何處同.
水流溪谷澗, 濃陰石上中.

교외에 놀이를 갔더니,
만원은 어디나 같다네.
물흐른 계곡의 시내에,
그늘은 돌위에 있다네.

101. 無題

形端形不曲, 根潔下流清.
畢竟修身極, 齊家所願誠.

모양은 굽지를 않아도,
뿌리는 아래가 맑구나.
필경은 수신이 극이라,
제가도 참되길 바라네.

102. 無題

散步臨溪樂, 炎天熱氣同.
心身閑暇願, 是卽太和中.

산보로 개울가 즐기니,
더위는 똑같은 열기라.
심신이 여가를 원하니,
이것이 화평을 말하네.

103. 水流閑處

空天飛鳥界, 世慾異人間.
無塞平原闊, 水流下谷頑.

빈하늘 나는새 세계고,
세욕은 인간이 다르네.
탁트인 평원이 통해도,
흐름은 아래를 고집해.

104. 厭炎

煙雲山頂覆, 下麓樹林淡.
江上鷗飛散, 炎天孰不堪.

이내가 산위를 뒤덮고,
아래엔 숲들이 담박해.
강위엔 갈매기 흩어져,
더위는 누구든 못견뎌.

105. 好文

只今風月務, 後日衆人看.
哲學言何事, 生之自體冠.

지금은 풍월에 힘써야,
뒷날에 많은이 만나네.
철학은 무엇을 말하나,
산다는 자체가 최고지.

106. 行爲

好書何者有, 痕迹筆端生.
今日行爲察, 也誰哲學評.

누구든 글좋아 하는데,
흔적은 붓끝에 생기네.
오늘의 행위를 살피면,
누구든 철학을 평하리.

107. 然

靜裏林間寂, 早朝鳥跡無.
炎天風不到, 流水弄水鳧.

조용한 숲속도 평온해,
아침엔 새조차 없구나.
더위에 바람이 없으니,
물에서 오리가 장난쳐.

108. 無題

微風炎氣逐, 江岸柳絲搖.
洌水鷗鳧弄, 筆端情景描.

미풍은 더위를 물리쳐,
강둑엔 버들이 흔드네.
한강엔 새들이 노닐고,
붓끝은 정경을 그리네.

109. 人物畵

白頭誰畵者, 一笑樂相看.
年老宜當變, 無關願太安.

흰머리 누구를 그렸나,
웃으며 서로가 살피네.
나이엔 마땅히 변하니,
어쨌든 태안을 원하네.

110. 南山淸潔(2)

南山淸潔貌, 溪谷溢鼇群.
環境全心注, 自然本是云.

남산의 청결한 모습에,
계곡엔 자라떼 넘치네.
환경에 전심을 쏟으면,
자연은 근본을 말하네.

111. 正直

日常思考潔, 形象展開淸.
萬事修身起, 必然同伴誠.

일상의 생각이 깨끗한,
형상의 전개는 맑다네.
만사가 수신에 일어나,
반드시 참되게 따르네.

112. 虛(1)

晨起看靑竹, 露淸水瀉如.
虛心興趣感, 逸士見詩書.

일찍 일어나 청죽 보니,
이슬은 물방울 쏟은 듯.
허심에 흥취를 느끼나,
선비는 시서를 살피네.

113. 自娛

江岸靑堤遠, 無停散步臨.
閒心當自樂, 仙客是如尋.

강둑엔 푸른 둑이 먼데,
그대로 산보에 나서네.
한가함 당연히 즐겁고,
선객을 이렇게 방문해.

114. 換羽

豪雨炎天凉, 暫時隱太陽.
修身如此換, 世事太平昌.

큰비에 더위가 서늘해,
잠깐은 태양을 가리네.
수신도 이렇게 바뀌면,
세상사 태평만 창성해.

115. 自娛也

胸中成竹顧, 不語自身知.
學問形便晚, 根源肥內期.

마음에 성죽을 살피면,
조용히 자신을 알겠지.
학문의 형편이 늦어도,
근원은 안에서 살찌워.

116. 竹(1)

二十年前竹, 筆痕下品明.
葉竿同伴態, 逸士寫生聲.

이십 년 전에 대나무가,
필흔은 하품이 분명해.
잎과 간 똑같은 모습에,
선비는 사생을 탄식해.

117. 寒村

大廈林間聳, 寒泉下向流.
可娛如此處, 樹上白雲儔.

아파트 숲새에 솟으니,
찬물은 아래로 흐르네.
이러한 곳에도 즐기니,
하늘엔 백운이 짝하네.

118. 安

平生文筆好, 思考墨痕殘.
造化如如續, 通常自太安.

한평생 문필을 좋아해,
생각은 묵흔이 남기네.
조화는 이렇게 이어져,
통상은 스스로 편안해.

119. 夏朝

鳥聲窓外噪, 樹上白雲浮.
冽水青波起, 片舟閑暇流.

새소리 창밖에 재잘대,
하늘엔 백운이 떠있네.
한강엔 청파가 일어도,
쪽배는 한가히 흐르네.

120. 太平

自身音律託, 世上太平安.
無慾無爭事, 必然盛大韓.

자신을 음악에 맡기면,
세상은 평안이 크다네.
무욕에 다툼이 없으면,
반드시 나라는 성하리.

121. 無題

夕陽吟對酒, 流水白鷗遊.
無語南樓坐, 片舟騷客儔.

석양을 술들며 읊으니,
유수엔 갈매기 노니네.
말없이 남루에 앉으니,
쪽배는 소객과 짝하네.

122. 讀書

白髮書聲度, 青春永駐言.
菜根譚是句, 生活耸根源.

백발에 글솜씨 기량이,
청춘에 머문듯 말하네.
채근담 이러한 내용이,
생활의 뿌리로 솟아나.

123. 書寫所懷

靜中書寫坐, 盡日務毫端.
筆墨香煙起, 歲憂萬事安.

조용히 앉아서 글쓰면,
진종일 붓끝에 힘쓰네.
필묵에 향연이 일어나,
세상근심 만사 편안해.

124. 書

抱琴來故事, 攜酒亦無人.
明月高山上, 一吟揮灑珍.

거문고 안고 오른 고사,
술 갖고 오는 이 없네.
밝은 달 산위에 높은데,
읊어서 귀한 걸 써볼까.

125. 事

六十平生事, 書評一道專.
東洋文化頂, 詩畵結因緣.

육십 년 평생의 일인데,
서평의 한 길로 전념해.
동양문화의 정수라 하니,
시서와 인연을 맺었네.

126. 意

書畵同堂展, 胸中意事知.
造形根本見, 必然是卽詩.

서화를 동당에 펼치니,
마음의 생각을 알겠네.
조형의 근본을 살피니,
필연코 이것이 시라네.

127. 江流

白鷗江上白, 閑暇水流長.
兩岸青堤柳, 片舟遊客昌.

갈매기 강위에 하얀데,
한가히 수류는 길고나.
양안의 푸른 둑 버들,
쪽배엔 유객이 붇어나.

128. 何日早朝

早朝珠露白, 葉上發銀光.
鳥語林間趣, 炎天賞客昌.

아침에 이슬이 하얀데,
잎위에 은빛이 반짝여.
새들은 숲에서 재잘대,
더워도 상객은 붇어나.

129. 精神

屈原生死視, 決定比滄浪.
歲事無余意, 殘名性品光.

굴원의 생사를 살피면,
결정은 창랑에 비하네.
세상사 내뜻이 없으니,
이름에 성품만 빛나네.

130. 相異

花開鳴鳥處, 白鶴舊巢還.
世事宜當異, 汝余休此山.

꽃피고 새우는 곳에서,
백학은 옛집에 돌아와.
세상일 마땅히 다르니,
너와나 이산에 쉴까나.

*休靜禪師詩 次韻(2)

131. 世事不關

鳥飛天末遠, 萬里美江山.
炎氣周邊覆, 誰能世事頑.

새 나는 하늘 끝 먼데,
만리의 강산은 고와라.
더위가 주위를 덮으니,
누구나 세상사 고집해.

132. 霞景

市街樓屋聳, 江岸霧煙生.
雲路神仙坐, 紅霞萬里橫.

시내엔 빌딩이 치솟고,
강둑엔 이내가 생기네.
구름길 신선이 앉으니,
노을은 만리를 가르네.

133. 故鄕消息

故鄕何處在, 君彼地應知.
來日窓前待, 寒梅一笑怡.

고향이 어디에 있는가,
그대는 그곳을 알겠지.
내일은 문앞에 기다려,
매화가 핀다면 기쁘지.

134. 待君

月出君來信, 乾坤處處明.
暗雲君在覆, 厭忌我相爭.

달뜨면 그대도 믿으니,
천지가 곳곳이 밝구나.
암운이 그대를 덮으면,
싫어서 나하고 다투랴.

135. 精神表現

三絶何人語, 書圖筆墨加.
詩詞魂魄有, 必是不無差.

삼절을 그누가 말했나,
서화에 필묵을 더했네.
시사엔 혼백이 있으나,
반드시 차이는 없으리.

136. 痕迹

太白千山合, 淸光槿域流.
江河情緖溢, 每步玉痕儔.

태백의 천산을 합하여,
맑은빛 근역에 흐르네.
강하에 정서가 넘치니,
매걸음 귀함이 짝하네.

137. 思考避暑

纔知逃暑法, 靜裏定心虛.
對友三杯酒, 冷巒似是如.

겨우 안 피서 법 있는데,
조용히 허심이 정하네.
친구와 석 잔 술 마시면,
찬 기운 이렇게 닮는데.

138. 因緣

所重因緣考, 人生喜樂珍.
路邊三兩石, 必是事緣親.

소중한 인연을 생각해,
인생은 희락이 보배라.
길가에 두세 개의 돌도,
반드시 사연이 가깝지.

139. 詩文考東坡

也孰詩興樂, 書中喜悅云.
自然思考起, 世上語詩文.

누구든 시흥은 즐거워,
글중에 희열을 이르네.
자연히 생각이 일어나,
세상을 시문이 말하네.

140. 流頭節

携壺城外出, 季節卽流頭.
余獨松陰臥, 涼風不讓秋.

술들고 성밖에 나서니,
계절은 곧바로 유두라.
혼자서 솔아래 누우니,
양풍에 가을이 사양해.

141. 蓮池

池廣蓮花淨, 窓前檜葉香.
人家雖近處, 魚影視鱗光.

넓은 못 연화가 깨끗해,
문 앞에 회엽의 향기가.
인가는 비록 근처라지만,
어영에 비늘 빛 보이네.

142. 無題

炎天詩作不, 熱氣亂心思.
情況全開視, 然而筆墨知.

더위에 작시가 안되니,
열기에 심사가 어질해.
정황의 전개를 살피니,
그러나 필묵은 안다네.

143. 漢江岸近景色

雲捲青山潔, 蒼空雨後明.
微風移席樂, 窓外白鷗聲.

구름 갠 청산이 깨끗해,
창공은 비온 뒤 밝다네.
미풍에 자리해 즐기니,
창밖엔 갈매기 끼룩대네.

144. 炎天(1)

微風江岸繞, 蓊鬱解人心.
楊柳千絲動, 四方瑞氣臨.

미풍이 강둑을 휘감고,
옹울한 인심을 벗기네.
양류는 가지를 흔들고,
사방엔 서기가 임하네.

145. 江岸風景

灰雲山上覆, 江岸片舟浮.
楊柳微風動, 閑流洌水儔.

구름은 산상을 뒤덮고,
강둑엔 쪽배가 떠있네.
버들은 미풍에 흔들려,
한가한 한강이 짝하네.

146. 詩

作詩心氣悅, 詞客必然知.
自筆文章寫, 人生眞味辭.

작시엔 마음의 기쁨이,
사객은 반드시 알리라.
자필로 문장을 쓴다면,
인생의 참맛을 말하네.

147. 竹

竹筍當年長, 虛心貞節揚.
葉間騷亂有, 人們不知良.

죽순은 당년에 자라니,
허심을 정절로 드날려.
잎새가 바스락 대지만,
사람들 좋은걸 모르네.

148. 藝

畵人生態寫, 墨客語文章.
藝術須多彩, 象形眞味光.

화가는 생태를 그리고,
묵객은 문장을 말하네.
예술은 마땅히 많지만,
상형은 참맛의 빛일세.

149. 盜聽有感

盜聽如犯罪, 最惡國民知.
何處何人記, 公開不法窺.

도청은 범죄와 같으니,
최악을 국민이 알지라.
어디서 누구를 적든지,
공개는 불법을 엿보네.

150. 憶巨濟南域(1)

白鷗天上散, 絶壁碧松高.
海面靑波起, 片舟潛影皐.

갈매기 하늘에 흩어져,
절벽엔 고송이 높구나.
해면엔 청파가 이는데,
쪽배는 언덕에 잠기네.

151. 於病院(7)

病床心境問, 無二願回生.
唯一魔鬼退, 人間勝利驚.

병상에 심경을 물으면,
오로지 회생을 원하네.
유일한 마귀를 물리친,
인간의 승리에 놀라네.

152. 獨島意見(2)

寫眞殘迹現, 獨島累千年.
槿域分明屬, 地形海底連.

사진에 흔적이 있듯이,
독도는 누천년 이라네.
근역에 분명히 속하니,
지형은 해저로 이어져.

153. 獨島意見(5)

東海浮孤島, 我邦歷史明.
暫時忘失罪, 日本出狂聲.

동해에 고도가 떠있어,
이 나라 역사를 밝히네.
잠시간 잊었던 죄 몰라,
일본이 미친 소리 질러.

154. 北側參拜顯忠院

政治今混亂, 國是向不知.
先烈存幽處, 北韓參拜怡.

정치가 혼란한 지금은,
국시의 향함을 모르네.
선열의 유처가 있는곳,
북한의 참배가 기쁘네.

155. 願統一

國家民族考, 統一最于先.
過去相爭棄, 只今和合連.

국가와 민족을 생각해,
통일이 최우선 이라네.
지난날 다툼을 버리고,
오늘날 화합을 맺으세.

156. 願統韓

護國英靈處, 北韓參拜時.
統韓希願事, 不覺只今遲.

호국의 영령이 있는곳,
북한이 참배를 할때에.
통일을 바라던 일들이,
지금껏 모르고 늦어져.

157. 我生涯

以文書寫卽, 今至我生痕.
後世儼存在, 當然不恥言.

글로써 글쓰는 것이란,
지금의 내흔적 이라네.
후세가 엄연히 존재해,
당연히 불치의 말일세.

*2005. 8. 31. ~ 9. 5.(中國展示作)

158. 夜景幽處

夜景廻淸氣, 步行賞客怡.
鳥飛幽處趣, 何事世人知.

야경에 청기가 돌아와,
보행의 상객이 기쁘네.
새들이 유처로 향하니,
세상사 세인이 알겠지.

159. 獨島守備

泳橫三父子, 獨島我邦知.
歷史分明記, 不忘防禦期.

수영의 삼부자 있으니,
독도가 이나라 알겠네.
역사는 분명이 적기를,
끝까지 방어를 기하세.

160. 아! 金剛

我生書畵愛, 自少不閒心.
電視金剛視, 卽時一筆臨.

내 생애 서화를 사랑해,
스스로 한심하지 않네.
TV로 금강산을 살피고,
곧바로 일필로 임하네.

161. 讀栗谷金剛詩

栗谷金剛記, 事緣多樣書.
一年留處也, 實像自然舒.

율곡의 금강산 기록에,
사연은 많이도 쓰였네.
한해를 지냈던 곳이라,
실상의 자연을 열었네.

162. 金剛讚揚

中國名人曰, 東坡後語頑.
願生高麗國, 親見金剛山.

중국의 명인이 말하길,
동파가 나중에 고집해.
생애에 고려를 원하며,
금강산 친히 보았으면.

163. 早秋

夏去殘炎暖, 晴天自樹陰.
白鷗江上弄, 幽處早秋臨.

여름 뒤 잔 더위 따스해,
청천에 스스로가 그늘에.
갈매기 강 위에 노닐고,
유처엔 조추가 들어서네.

164. 夕陽

老蟬間歇遠, 山上紫陽斜.
炎氣居然浸, 西岑一色霞.

남은 매미 멀리서 들리고,
산 위엔 붉은 해 비끼네.
더위가 거연히 잠겨드니,
서산은 노을로 한빛일세.

165. 健康

生命尊嚴性, 健康持續生.
自身存在貴, 不二注均衡.

생명은 존엄성이 있어,
건강은 살아야 이어져.
자신의 존재가 귀하니,
오로지 균형을 따르리.

166. 九月

九月乾坤氣, 淸涼自體言.
漢江千里遠, 天地也誰呑.

구월의 천지간 기운은,
청량의 자체를 말하네.
한강은 천리를 흐르니,
천지라 누구든 삼키네.

167. 乙酉早秋

大廈窓前襲, 分明氣早秋.
放翁如此感, 我亦視同遊.

아파트 문앞에 들이대,
분명히 초가을 기운이.
방옹도 이렇게 느꼈나,
나또한 같은걸 보았네.

*放翁=陸遊(1125~1210/浙江省紹興出身)之雅號

168. 幽玄處

清潔無塵處, 俗人何葛藤.
松陰群鳥樂, 靜寂感興增.

깨끗한 티없는 곳에서,
속인이 어째서 갈등해.
솔그늘 새들이 즐기니,
정적에 감흥이 불어나.

169. 早秋何日

黃染明秋色, 丹楓幽谷連.
白雲山上遠, 巖嶂繞淡煙.

황염에 추색이 분명해,
단풍도 유곡에 이어져.
백운은 산위에 멀지만,
바위산 이내가 감쌌네.

170. 早秋有感

早秋天地潔, 文客樂詩文.
萬事胸中感, 山川染色紋.

조추에 천지가 맑은데,
문객은 시문을 즐기네.
만사를 마음이 느끼나,
산천을 물들인 무늬라.

171. 漢江兩堤景色

片舟水流遠, 江上白鷗飛.
如是平常事, 眼前燦爛輝.

쪽배는 수류에 멀어져,
강위엔 갈매기 날고나.
이것이 평상시 일이라,
눈앞에 찬란히 빛나네.

172. 秋天

天上雲紅染, 一隅淸潔靑.
瞬間圖畵像, 此處士心停.

하늘의 구름이 붉으니,
한구석 파랗게 맑구나.
순간의 그림이 그려져,
이곳에 선비맘 멈추네.

173. 文生處

詩文何處發, 筆力起胃腸.
胸裏非根據, 也誰理致昌.

시문이 어디서 발하나,
필력은 배포에 일어나.
마음의 근거가 아니고,
누구든 이치는 곱다네.

174. 痕迹

開朝東側赤, 旭日照乾坤.
輾轉從來往, 不休願我痕.

아침에 동쪽이 붉으니,
태양이 천지를 비추네.
이럭저럭 왕래만 하다,
계속된 내 흔적 원하네.

175. 早秋一見(3)

秋色窓前到, 山川未變黃.
晴天雲舞亂, 五穀野田光.

추색은 문앞에 이르나,
산천은 아직은 그대로,
청천에 구름이 난무해,
오곡은 들판에 빛나네.

176. 蝶號日本到

蝶號東海近, 氣勢漸波高.
日本當强打, 颱風不問皐.

나비호 동해에 가까워,
기세가 점차로 파고가.
일본을 당연히 때리니,
태풍은 언덕을 몰라라.

177. 眞實

文中含意讀, 當時社會知.
內容雖美麗, 虛構沒無爲.

글 속에 함의를 읽으면,
당시의 사회를 알 터라.
내용은 비록 미려하나,
허구는 무위에 잠기네.

178. 思考

紙面書思索, 筆端意事明.
人生何歲也, 眞實後人衡.

지면에 사색을 써두면,
붓끝이 의사를 밝히네.
인생 몇 해를 살 건가,
진실은 후인이 살피리.

179. 江岸景致

秋季山河變, 千絲楊柳垂.
雁鴻江岸集, 停泊動孤舟.

가을에 산하가 변하니,
버들의 가지도 드리워.
기러기 강둑에 모이니,
머물던 쪽배가 움직여.

II. 五言律詩

1. 自然自輝

靜中山野潔, 江岸白鷗歸.
洌水閑流是, 垂楊風動非.
何如西海向, 此卽我心違.
斯理君能覺, 黙言世上輝.

고요한 산야는 맑은데,
강가엔 갈매기 돌아와.
한강은 한가히 흐르나,
수양은 바람만 아닐세.
어이해 서해로 향하나,
이것은 나와는 다르네.
이치를 그대가 알아도,
말없는 세상은 빛나네.

2. 仙家

天上登明月, 乾坤共此知.
情人何處隱, 景色抱相怡.
燈燭光前後, 被衣濕露時.
汝余思考覺, 仙境寢牀期.

하늘에 명월이 오르니,
천지가 똑같이 느끼네.
정인은 어디에 숨었나,
경색은 서로 기뻐 품네.
등촉은 앞뒤로 밝으나,
의복이 이슬에 젖을 때.
너와 나 터득한 생각을,
선경의 침상서 만나세.

3. 畵裏休

仙人溪水弄, 釣者小魚遊.
相對千山靜, 必無一客留.
此時余獨酒, 期待老妻憂.
明月壺中入, 是如畵裏休.

선인은 계수와 노닐고,
낚시꾼 소어와 노니네.
상대로 천산은 조용해,
반드시 아무도 없으리.
이때에 혼자서 음주라,
기다릴 노처가 걱정돼.
명월은 병속에 들어가,
이처럼 그림에 쉰다네.

4. 一杯前

白雲高嶺上, 風起響青松.
酬酢余君對, 閑流洌水從.
打鐘聲遠播, 孤塔不言逢.
雨後山姿碧, 樽前我覺重.

백운이 산상에 높은데,
바람은 푸른솔 울리네.
수작은 그대와 나인데,
한가히 한강을 따르네.
종소리 저멀리 퍼지고,
고탑은 말없이 만나네.
비온뒤 산색이 푸르니,
술놓고 무겁게 깨달아.

5. 現狀

畵論形象見, 理致筆端生.
詩賦胸中意, 作文思考聲.
鳥群天上弄, 人們四方盈.
何者無言動, 是非歷史評.

화론이 형상에 보이나,
이치는 붓끝에 나오네.
시부는 마음의 뜻이고,
작문은 생각의 소릴세.
새들은 하늘에 노닐고,
인간들 사방에 넘치네.
누구든 말없이 움직여,
잘잘못 역사가 평하리.

6. 熱河一夕

獨居無客處, 雨氣滿空庭.
荷葉群蛙弄, 樹梢一鳥停.
微風絃不響, 灼熱尚常寧.
西岳陽光沒, 影長覆心靈.

나 혼자 아무도 없는데,
비 내려 천지가 가득해.
연잎엔 개구리 노는데,
나무 끝엔 새 한마리라.
미풍은 무현의 소린가,
더위도 오히려 편안해.
서산에 햇볕이 잠기자,
긴 그늘 심령을 뒤덮네.

7. 於漢城

池上蓮花發, 釋迦實像明.
芙蓉同處笑, 騷客又心淸.
車輛常來往, 稚鳧暫泳行.
漢城都邑聳, 何事轉移聲.

연못에 연꽃이 피는데,
석가의 실상이 분명해.
부용도 같은 데 피어나,
소객의 마음이 맑구나.
차량은 언제나 오가고,
어린 오리 물에 잠기네.
서울의 도읍에 솟으니,
어이해 옮기는 소리냐.

8. 看壁畵(華溪寺)

寺壁仙人畵, 丹靑不變文.
筆痕尊信仰, 獨舞似祥雲.
彩色心中換, 造形君憶云.
江湖諸子起, 今世寫名分.

사찰벽 선인의 그림은,
단청이 그대로 무늬라.
필흔은 믿음을 높이고,
독무는 상운을 닮았네.
채색에 바뀌는 마음이,
조형은 그대를 생각해.
강호의 제자가 일어나,
금세의 명분을 그렸네.

9. 孤雲先生詩改作

雲畔精廬構, 靜禪四十餘.
筇無山步出, 筆絶邑辭書.
竹架泉聲緊, 松梢日影疏.
境嵩吟不盡, 瞑目悟眞如.

구름 둑에 오두막 하난데,
참선한 지 사십 여년이라.
지팡이 없이 산보 나서고,
붓꺾고 할 말은 고을에다.
대 시렁에 물소리 얽히고,
솔가지에 해 그늘 성기네.
경지 높아 읊지를 못하니,
눈을 감고 진실을 깨달아.

10. 憶瑞雲庵

靈鷲山中奧, 瑞雲庵子行.
三千陶佛像, 八萬大藏經.
修竹靑高處, 碧松四面橫.
自然情趣滿, 週末市民盈.

영축산 구석진 가운데,
서운암 암자에 갔더라.
삼천의 도자기 불상에,
팔만여 대장경 경판이.
수죽은 푸르고 높은데,
푸른솔 사면에 둘렀네.
자연의 정취는 가득히,
주말에 시민도 들어차.

11. 金剛山觀光

蓬萊山夏景, 歷史燦然香.
春到金剛見, 秋來楓嶽揚.
形形巖象列, 矗矗皆骨藏.
四季風光貌, 往還遊客昌.

봉래산 여름철 경치는,
역사에 찬연한 향기라.
봄이면 금강이 보이고,
가을엔 풍악이 드날려.
갖가지 바위가 늘어져,
뽀죽한 개골을 감추네.
사계절 풍광의 모습에,
오가는 유객이 번창해.

12. 無題

古佛長生在, 俗人醉客增.
燈前懷抱可, 法後道人能.
天地開明月, 乾坤補養朋.
九年行面壁, 何者我釋稱.

옛부처 장생을 하지만,
속인들 취객이 증가해.
등앞에 회포를 푸는데,
법뒤에 도인이 능하네.
천지는 일월이 여는데,
건곤은 벗들을 보양해.
구년간 면벽을 했지만,
그누가 부처로 부르나.

13. 古刹壁畵(1)

土壁仙人畵, 丹靑美有文.
豪端精氣感, 筆下瑞雲聞.
彩色飛天聳, 描心仰佛群.
衆生思考動, 何者慰問云.

흙벽에 선인의 그림이,
단청은 문양이 곱구나.
붓끝에 정기를 느끼니,
붓아래 서운이 들리네.
채색은 하늘로 솟는데,
그림은 부처를 따르네.
중생이 생각을 움직여,
누구든 위문을 말하네.

14. 李白詩憶王右軍次韻

右軍淸雅性, 書法在風塵.
歷史稱仙客, 今連別鵝賓.
道經揮灑本, 筆墨像精神.
原則心中韻, 尙存筆聖人.

왕희지 청아한 성품에,
서법은 풍진에 있구나.
역사는 선객을 칭하나,
아직도 거위는 손이라.
도경은 휘쇄의 본인데,
필묵은 정신의 상이라.
원칙은 마음에 운이니,
오히려 성인이 솟구나.

15. 籬菊

眞美東籬菊, 朶疏葉色微.
當然蘭蕙異, 必是草香非.
也未殘樽酒, 只今溢露輝.
不知君不折, 与汝欲同歸.

진미는 동리의 국환데,
늘어진 잎색이 숨기네.
당연히 난초와 다르니,
반드시 풀향기 아닐세.
아직도 남은술 있으니,
지금도 이슬이 넘치네.
모르는 그대는 꺾지마,
너와나 가기를 바라네.

16. 浮世

白雲窓外遠, 清氣樹間風.
靜裏蕭蕭耳, 眼前密密筒.
胸中無可得, 世上自然窮.
天地調和合, 老翁一笑通.

백운은 창밖에 멀지만,
청기는 숲새의 바람이.
조용히 소리가 들리니,
눈앞에 가득한 술잔이.
마음에 얻을게 없으니,
세상은 자연히 궁하네.
천지의 조화가 합치면,
늙은이 웃음이 통하리.

17. 偶事一事

筆墨淸緣重, 比如竹柏眞.
春花秋實歲, 對酌互相親.
千里他鄕客, 暫時興趣人.
詩文書畵念, 萬事必皆珍.

필묵의 청연이 중하니,
진실로 송백에 비하랴.
봄꽃에 추실의 세상이,
대작에 서로가 친하네.
천리의 타향이 객이라,
잠깐의 흥취한 사람들.
시문에 서화를 생각해,
만사가 반드시 진귀해.

18. 思故鄉

秋季飛紅葉, 孤亭酒一瓢.
白雲何處遠, 微雨覆中橋.
樹色山腰繞, 川聲大海遙.
故鄉明日訪, 獨自夢薪樵.

가을에 단풍이 흩날려,
정자에서 술 한 표주박.
백운은 어디로 멀어져,
가랑비 다리를 적시네.
나무색 산허리 휘감고,
물소리 바다로 멀어져.
고향을 내일엔 찾을까,
혼자서 땔나무 꿈꾸네.

19. 聽於北側顯忠院參拜

晚夏蟬鳴續, 立秋季節還.
濃陰淸氣覆, 水上片舟閑.
江岸靑堤柳, 南山鐵塔顔.
今年光復日, 參拜北韓頑.

늦여름 매미는 우는데,
입추의 계절로 돌아와.
그늘엔 청기가 덮으니,
물위엔 쪽배가 한가해.
강둑엔 버들이 푸른데,
남산엔 철탑의 얼굴이.
금년의 광복절 날에는,
참배한 북한이 무디네.

20. 日沒風景

日沒浮圖赤, 鐘聲出遠昏.
應當山下播, 必有世無痕.
是卽新看畵, 依然舊態根.
寧知炎氣除, 吟詠我心言.

해지니 불그레 그림이,
종소리 황혼에 나오네.
당연히 산하에 퍼지나,
반드시 무흔의 세상이.
곧바로 그림을 보이니,
의연한 구태의 뿌릴세.
가득한 더위를 제하면,
내마음 읊는다 말하리.

21. 看八·一五祝祭

自由同席集, 南北願平和.
男女蹴球競, 高官墓域多.
戰爭痕迹去, 相助利潤何.
今後生餘裕, 實行統一河.

자유로 한자리 모여서,
남북이 평화를 원하네.
남녀는 축구를 하는데,
고관은 묘역에 많구나.
전쟁의 흔적을 지우고,
서로가 도우면 어떨까.
이후에 여유가 생기면,
실행은 물처럼 통일을.

*2005. 8. 15.

Ⅲ. 七言絶句

1. 憶海兵(1)

統營作戰大成功, 單獨敵爭必勝同.
歷史燦然痕迹語, 海兵能力萬邦通.

통영의 작전에서 큰 성공 하였으니,
단독작전 싸워서 이긴 건 한 가지.
역사에 찬연하게 흔적을 설명하니,
해병대의 능력은 세계가 알아주네.

2. 念書道

書道根源人性生, 筆痕情感是心聲.
春風楊柳四方動, 相互尊崇形象行.

서도의 근원은 인성에서 생겨나고,
필흔의 정감은 이야말로 마음소리.
봄바람 버들은 사방으로 흔들리고,
서로의 존중을 모양으로 행세하네.

3. 樂園

南域南風至急來, 東山旭日四方開.
白雲遠去散天極, 夢裏樂園如此催.

남쪽에 남풍이 바쁘게 부는데,
동산에 해 뜨니 사방이 열리네.
흰 구름 멀어져 하늘 끝 내치고,
꿈속의 낙원을 이처럼 펼치네.

4. 夏日夕陽

炎天樹下樂濃陰, 遠近鳥飛自詠吟.
風到枝間音樂發, 東山白月日西岑.

더운날 수하에 그늘을 즐기니,
원근에 새날아 스스로 노래해.
바람은 가지새 노래를 만들고,
동산에 하얀달 서산에 걸린해.

5. 書藝根本

鍊磨揮灑學才疏, 氣韻相通能自舒.
法古創新生個性, 文人思考必然書.

단련해 뿌리면 학재도 트이고,
기운이 통하면 저절로 펼치리.
법따른 창신은 개성이 생기니,
문인의 생각을 반드시 적으리.

6. 紫陽精舍

紫陽精舍瑞雲明, 何者淸談必起情.
世上也誰看此景, 宜當仙境一言聲.

자양정사에는 서운이 분명하니,
누구와 얘기해 그 정을 일으키랴.
세상에 누구든 이 경치를 본다면,
당연히 선경이라 한 마디 하겠지.

7. 憶武夷九曲

萬丈石屏六曲前, 一亭高聳白雲連.
溪流脩竹調和妙, 天上遊區仙客筵.

만길의 돌병풍 육곡의 앞인데,
정자가 솟아서 구름에 닿았네.
시냇물 멋지고 조화가 묘한데,
하늘위 놀이터 신선의 자릴세.

8. 青山

世人何者好青山, 明月高空余自閑.
萬事瞬間流去遠, 不爭天地亦無關.

세상에 누구든 청산을 좋아해,
밝은달 높게떠 나절로 한가해.
모든건 순간에 저멀리 흐르니,
다툼이 없다면 천지도 무관해.

9. 五月

五月平原胸裏靑, 晴天綠葉白雲停.
自然情趣人間樂, 不墨乾坤成畫屛.

오월의 평원은 마음도 푸른데,
청천에 푸른 잎 흰 구름 멈추네.
자연의 정취는 인간이 즐기나,
그대로 천지는 그림병풍 이루네.

10. 肇春

梅花早落杳花開, 南域春光不語催.
無變是如東帝到, 幾株芳樹手移哉.

매화는 지는데 꽃핌이 아득해,
남쪽에 봄볕은 말없이 펼치네.
그대로 이처럼 봄기운 온다면,
몇그루 나무를 옮겨다 놓을걸.

11. 士香

脩竹分明君子誇, 讀書筆墨文人花.
案頭山積皆黃券, 來往貴賓成滿車.

대나무 분명히 군자로 자랑깜,
독서와 필묵은 문인의 꽃일세.
책상에 포개진 모두가 책인데,
오가는 귀빈들 수레를 채우리.

12. 晚春

賞客花間送夕陽, 卦霞紅態感殘香.
春情如此飛蜂蝶, 不遠炎天草茂場.

상객은 화간에 석양을 보내고,
노을의 붉은색 잔향을 느끼네.
춘정은 이처럼 벌나비 나는데,
머잖아 더위에 풀들이 무성해.

13. 禪房

萬壑千峰雲自浮, 今年各地水流幽.
山風暫息靜窓架, 禪室獨居僧侶留.

구릉의 천봉엔 구름이 떠있어,
금년도 각지에 수류는 아득해.
산바람 쉬는데 창가도 고요해,
선실에 독거로 승려가 머무네.

14. 夏景卽事

雲含雨氣白煙生, 江岸楊柳微動聲.
靑草風濤眠白鷺, 炎天情景也誰驚.

우기의 구름에 이내가 생기니,
강둑의 양류엔 미동의 소리나.
청초의 바람에 백로가 잠드니,
여름철 정경에 누구든 놀라네.

15. 冶隱詩次韻

江邊大廈獨閑居, 明月淸風情趣餘.
來往頻煩都市內, 濃陰樹下讀良書.

강변의 아파트 혼자서 한가해,
명월에 청풍은 정취가 남구나.
바쁘게 오가는 도회지 안에서,
나무 밑 그늘에 좋은 책 읽네.

16. 晚夏

濃陰梧葉感微風, 夢裏卷中思考同.
窓外草蟲秋已待, 夜深明月照休中.

농음의 오동잎 미풍도 느끼니,
꿈에도 책에는 생각이 같다네.
창밖에 벌레는 가을을 기다려,
심야에 명월은 쉬면서 비추네.

17. 松岩咸泰永名言實狀

道心靜似山藏玉, 書味淸於水養魚.
此句松岩銘座右, 只今俗物不知舒.

도심은 고요해 산에 감춘 옥이고,
글맛은 맑아서 물에 기른 고길세.
이 말은 송암 선생 좌우명이라니,
지금의 속물들 그 펼침 모르리라.

18. 一杯濁酒

長年達筆感生涯, 書寫精神誇市街.
多樣心痕人影集, 一杯濁酒不忘佳.

장년의 달필은 생애를 느끼고,
서사의 정신은 거리에 자랑해.
다양한 심흔에 사람들 모이니,
한잔의 탁주 아름다움 못 잊어.

19. 去春

揮毫紙面筆痕新, 數点梅花孰可人.
唯願天風播香遠, 市街閭巷已無春.

휘호한 지면은 필흔이 새롭고,
수점의 매화는 그누가 옳은가.
바라던 바람은 향기를 퍼지고,
시내의 거리는 봄날이 떠났네.

20. 書寫精神

土中美玉播磨看, 書裏精神讀破難.
世事模糊多少有, 是非抑制太平安.

흙속에 미옥은 닦으면 보이나,
글속에 정신은 읽기가 어렵네.
세상사 모호함 다소가 있으니,
시비를 억제해 태평을 누리세.

21. 自然(2)

春意暫時季節留, 紅開散去也誰愁.
靑山綠樹元同景, 洌水白鷗亦自遊.

봄뜻은 잠시간 계절로 머물고,
피었다 지는데 누구든 근심이.
청산에 녹수는 원래가 같으니,
한강에 갈매기 역시나 즐기네.

22. 憶河東紅梅

蟾津江岸滿山梅, 槿域南村景色魁.
桃李開前紅染色, 暗香振動鼻端徊.

섬진강 강안에 전부가 매화라,
근역의 남촌은 경치가 최골세.
복숭아 피기 전 붉게 물들이니,
향기가 진동해 코끝에 노니네.

23. 名言

名士名言胸裏銘, 平常行動必無爭.
相尊思想生發展, 萬事是如前道明.

명산의 명언은 가슴에 새기고,
평상시 행동은 다툼이 없어야.
상존의 사상은 발전을 낳는데,
만사가 이러면 전도가 밝으리.

24. 書味

淸心不濁世人從, 諸事均衡造化同.
彼此尊崇生氣韻, 手痕書味是如豊.

맑은맘 깨끗해 세인이 따르니,
모든일 균형은 조화로 같다네.
서로의 존숭은 기운이 생기니,
솜씨의 글씨맛 이처럼 풍성해.

25. 自然力

明月有情動萬人, 淸風心洗也誰親.
是如環境自然力, 九十炎天換氣眞.

명월은 정으로 만인을 움직여,
청풍은 세심에 누구든 친하네.
이러한 환경은 자연의 힘인데,
삼개월 여름날 기운이 바뀌네.

26. 忠義精神

浩然之氣滿乾坤, 忠義實行先烈魂.
今昔是如情況續, 邦家歷史必儼存.

호연의 지기가 천지에 가득해,
충의의 실행은 선열의 혼이라.
고금의 이렇게 이어진 정황을,
우리의 역사는 반드시 엄존해.

27. 槿域四季

筆端偶得景如秋, 心裏發生造化由.
槿域山川明四季, 從來多樣畫中遊.

붓끝이 우연히 추경을 얻으니,
마음에 일어난 조화가 이유라.
근역의 산천은 사계가 분명해,
종래에 다양한 그림에 노니네.

28. 感秋色

雨後芙蓉遂感楓, 四方俱起白雲豊.
是如名畫何者寫, 獨坐靜觀變暫紅.

우후에 부용은 단풍을 느끼고,
사방에 일어난 흰구름 넉넉해.
이러한 명화는 누구의 솜씬가,
혼자서 봤더니 발갛게 변하네.

29. 淸溪景色

山居仙客羨何人, 到處丹楓眞景伸.
欲寫筆端輕動考, 淸溪雲起不描珍.

산에산 선객은 누구든 부러워,
도처에 단풍이 진경을 말하네.
그리려 붓끝이 가벼이 움직여,
청계에 구름은 못그릴 보배라.

30. 相尊思想

名士黎民心氣同, 浮雲世上自流通.
無爭社會存何處, 陋巷相尊發展窮.

명사와 백성은 심기가 같으니,
부운의 세상은 저절로 통하네.
편안한 사회는 어디에 있는가,
누항에 존중이 발전을 꾀하네.

31. 太平

江邊楊柳鳥群喧, 兩岸架橋車輛煩.
尖塔南山濃霧繞, 城中百姓太平言.

강변의 버들에 새들이 재잘대,
양안의 가교엔 차량이 복잡해.
첨탑은 남산의 안개가 둘렀고,
성안의 백성은 태평을 말하네.

32. 書藝姿勢

文中哲學必然要, 書寫內容形態遙.
個性不存無說得, 藝人姿勢後天謠.

글속에 철학은 반드시 요구해,
서사의 내용은 형태와 거닐어.
개성이 없음은 설득력 없는데,
예인의 자세는 뒷날의 노래라.

33. 文忌避

藝術胸中形象言, 眞情忠告見心痕.
何人不問同如此, 難解詩文忌避源.

예술은 마음의 형상을 말하고,
진정한 충고로 심흔을 보이네.
누구를 불문코 이처럼 같으니,
어려운 시문을 피하는 뿌릴세.

34. 茶泉金鍾源看乙酉展獨步

詩文獨步筆端遊, 書畵自由紙面留.
古典傍人言個性, 茶泉多樣弄毫儔.

시문의 독보로 붓끝이 노닐고,
서화의 자유는 지면에 머무네.
고전의 모방은 개성을 말하니,
다천의 다양한 농필이 짝하네.

*2005. 6. 8.~14.(昌源성산아트홀)

35. 文誇

山麓夕陽芳草佳, 橋邊流水片舟加.
浮雲門外千峰綠, 門客筆端何事誇.

산록의 석양에 방초도 고운데,
다리밑 유수에 쪽배가 더하네.
뜬구름 문밖에 천봉도 푸른데,
문객의 붓끝은 무엇을 자랑해.

36. 詩想(1)

煙雲綠樹染山川, 炎夏江河人們連.
季節變移思考換, 淸風明月古談筵.

연운에 녹수와 산천은 물들고,
여름날 강에는 사람들 줄짓네.
계절의 변이에 생각을 바꾸면,
청풍에 명월은 고담의 자릴세.

37. 自然

屋上白雲奇影描, 閑流江岸白鷗邀.
自然名畵自然畵, 無理人爲尙不要.

옥상의 흰구름 기형을 그리고,
한가한 강안엔 갈매기 부르네.
자연의 명화는 자연이 그리니,
무리한 사람엔 오히려 불요라.

38. 對評論

個性技能表現明, 理論實像若干傾.
筆端調律依思考, 自信行爲何者評.

개성의 기능은 표현이 분명해,
이론과 실상은 약간씩 기우네.
붓끝의 조율은 생각이 도우니,
믿음의 행위라 누구든 평하네.

39. 遊自然

淸溪深谷影淸流, 遊客心中難事遊.
世上有爭當願避, 悠悠自適自然儔.

청계의 심곡엔 청류의 그림자,
유객의 마음엔 놀이도 어려워.
세상에 다툼은 당연히 피하고,
유유자적함은 자연의 짝일세.

40. 漢江邊

江岸孤舟覆白煙, 雙鷗與鷺柳陰連.
淸風明月是如好, 閑暇水流雲碧天.

강안에 고주는 이내가 뒤덮고,
두 갈매기 백로 유음에 잇닿네.
청풍명월이 이렇게 좋은 건가,
한가한 수류와 벽천의 구름이.

41. 憶泗川

南域泗川茫海天, 不知多島展余前.
周邊何處在仙客, 白鶴一雙雲裏傳.

남쪽의 사천은 바다 하늘 잇닿고,
모르는 다도가 내 앞에 펼치네.
주변의 어디든 선객이 있을 터,
백학 한 쌍이 구름 속을 전하네.

42. 華墨書家會展

墨畵詩文同掛筵, 一堂多樣筆痕鮮.
東洋藝術展眞髓, 白石謙窩兄弟聯.

묵화와 시문을 걸어둔 자리에,
일당은 다양한 필흔이 선명해.
동양의 예술적 진수를 펼치니,
백석과 겸와는 형제가 연대해.

*白石=金振和先生雅號, 謙窩=金振益先生雅號
*2005. 6. 23.~29.(백악미술관)

43. 聽河東梅花消息

人說河東梅已開, 必然各處賞春催.
也誰香氣明能醉, 南域花風不遠來.

전언에 하동은 매화가 피었다니,
반드시 각처의 상춘객 모이겠지.
누구든 향기에 분명히 취하는데,
남쪽의 꽃바람 머잖아 오시겠지.

44. 晚春所懷(1)

子規躑躅落花啼, 深谷溪流紅色兮.
不遠晴天登月照, 忽然俱起寫詩題.

두견새 철쭉이 꽃 질 때 우는데,
깊은 골 계류는 발갛게 물들겠지.
머잖아 개인 날 달 올라 밝으면,
홀연히 생각난 시제를 써 본다네.

45. 日暮弄筆

開雲洌水泳孤鳧, 日暮西山覆染朱.
窓外鳥歸樓上靜, 東天白月筆端娛.

구름갠 한강은 오리가 떠있고,
저녁때 서산은 발갛게 물드네.
창밖에 새오니 누상은 조용해,
동천의 하얀달 붓끝이 즐겁네.

46. 憶矗石樓

矗石樓高秋色深, 南江遊覽樂江心.
西將臺上登明月, 護國寺鐘響古今.

촉석루 더 높고 가을 색 깊어,
남강의 유람은 강심도 즐겁네.
서장대 위에는 밝은 달 오르니,
호국사 종소리 지금도 울리네.

47. 南北長官級會議結果所懷

南北長官筵會談, 難航合意起靑嵐.
二千中半希望見, 後世也誰知再三.

남북의 장관들 회담의 자리에,
어려운 합의에 청람이 일어나.
이천년 중반에 희망이 보이니,
후세에 누구든 거듭해 알리라.

*2005. 6. 23. (공동 발표를 듣고)

48. 市街情景

車輛難行道路邊, 形成都市賣場先.
四方連結頭區劃, 多樣必要生活連.

차량이 어려운 도로의 가에는,
형성된 도시의 매장이 먼절세.
사방에 연결된 머리맡 구획이,
많이들 필요한 생활과 잇닿네.

49. 炎天之下

炎天一陣起淸風, 過熱心中涼氣窮.
街路樹陰要必是, 循環季節苦生中.

더운날 한줄기 청풍이 일어나,
뜨거운 마음을 시원히 해주네.
가로의 그늘은 반드시 필요해,
순환의 계절도 고생을 한다네.

50. 詩文

口說畵論形象成, 作文思考實行聲.
胸中詩賦意書者, 騷客不言記錄生.

구설의 화론에 형상을 이루고,
작문의 생각은 실행의 소릴세.
마음의 시부는 서자의 뜻인데,
소객은 말없이 기록을 한다네.

51. 第21回 蘭亭筆會(1)

天地光明不休陽, 茫茫大海太平洋.
幾鰕遊泳自然樂, 筆墨友情如畵良.

천지에 밝은 빛 언제나 밝으니,
넓고 넓은 바다는 태평양이라네.
새우의 유영은 자연의 낙인데,
필묵의 우정은 그림처럼 좋다네.

52. 第21回 蘭亭筆會(2)

文化中心文士遊, 東洋藝術暫時留.
詩書墨畵一堂展, 言語不通情感儔.

문화의 중심에 문사가 노닐자,
동양의 예술이 잠시간 머무네.
시서와 묵화를 한곳에 펼치니,
언어는 몰라도 정감은 짝하네.

*於日本國(德島)

53. 海兵千期(1)

海兵八月出千期, 傳統名譽能力知.
戰鬪何時當不退, 大韓防禦只今怡.

해병대 팔월엔 천기가 나오니,
전통과 명예의 능력을 알겠네.
전투는 언제나 물러남 없으니,
대한의 방어로 지금도 기쁘네.

54. 憶春梅

明月滿庭播暗香, 微風遠近是如揚.
詩心衝動卽時起, 萬古變無花氣良.

명월이 뜰가득 암향은 퍼지고,
미풍은 원근에 이처럼 드날려.
시심이 충동은 곧바로 일어나,
만고에 무변인 화기가 좋구나.

55. 春氣

清香遠播確然春, 鳴鳥花開萬物隣.
生氣乾坤佳氣韻, 人生如此感興珍.

청향이 퍼지니 확연히 봄인데,
새울고 꽃피니 만물이 이웃해.
생기로 천지는 기운이 고운데,
인생도 이러한 감흥이 보벨세.

56. 於廣城堡

花島廣城按海樓, 石城小形砲臺儔.
周邊整備觀光可, 先烈鬪魂不動留.

꽃섬의 광성보 해안루 눌러서,
석성은 작은데 포대가 짝하네.
주변을 정비해 관광도 된다니,
선열의 투혼이 그대로 머무네.

*廣城堡=史蹟227號

57. 憶江華赤霞

江華落照自然花, 暫赤黃昏日影遐.
多數漁船描島景, 海浮波氣二無誇.

강화의 낙조는 자연의 꽃이라,
잠깐의 황혼에 해그늘 멀어져.
다수의 어선이 섬그림 그리니,
바다에 파도가 더없는 자랑이.

58. 顧江華

海邊無限自然泥, 潮水依支多樣堤.
兩島一成知歷史, 江華不問滿詩題.

해변엔 무한한 자연의 진흙탕,
조수에 의지한 제방이 다양해.
두섬이 하나인 역사가 아는데,
강화는 그대로 시제가 가득해.

59. 三淸詩社 詩·書展

三淸詩社筆痕開, 騷客京鄕萬客來.
書畵韻文幷卦壁, 恒心形象見無埃.

삼청시사 사원 필흔의 공개에,
경향의 소객들 수없이 오누나.
서화에 운문이 아울러 걸리니,
항심의 형상이 깨끗해 보이네.

*2005, 7, 7,~13,(白岳美術館)

60. 細雨降日卽事

樹陰漸綠集人加, 山野鳥飛霞色佳.
芳草路邊香氣溢, 斜陽細雨始鳴蛙.

수음이 푸르니 사람들 모이고,
산야에 나는새 노을도 곱구나.
방초의 길가엔 향기가 넘치고,
해그늘 가랑비 개구리 소리가.

61. 霖雨被害(1)

霖雨初期被害多, 事前對策不成何.
民間主導必要感, 政府言中無信波

장맛비 처음에 피해가 많은데,
사전에 대책은 어찌해 안되나.
민간이 주도할 필요를 느끼니,
정부의 말들은 믿을수 없다네.

62. 遊江華

江華遊客海濱沙, 天惠地形美夕霞.
濃霧周邊淡靜裏, 此心不願日西斜.

강화에 유객들 바닷가 모래들,
천혜의 지형에 노을도 곱구나.
농무에 주변은 조용히 담백해,
내마음 모르고 태양은 기우네.

63. 主張(1)

萬人思考不同時, 讓步自身意見知.
性品必然相異感, 主張固執事無怡.

모두의 생각이 다같지 않을때,
양보는 자신의 의견을 안다네.
성품은 반드시 다른걸 느끼니,
주장의 고집은 기쁜일 아닐세.

64. 因緣

心是情緣相互崇, 胸中事物汝如同.
金樽有酒生懷抱, 今昔遊人圖畵中.

마음의 정으로 서로가 숭앙해,
흉중의 사물은 너와나 같구나.
금잔에 술이라 회포가 생기니,
고금에 유인들 그림과 같구나.

65. 消日

六月茂林松下遊, 陰濃樹下自身儔.
奇書簡牘無他好, 名士一生如此流.

유월의 무림인 솔아래 노닐고,
그늘의 수하엔 자신이 짝하네.
좋은책 간독은 좋기만 하다니,
명사의 일생은 이렇게 흐르네.

66. 雨中江岸景色

十里江邊詩境生, 炎天細雨自然聲.
回頭碧岸片舟渡, 來到淸風水上盈.

십리의 강변에 시경이 생기나,
더운날 가랑비 자연의 소리라.
돌아본 벽안엔 쪽배가 건너니,
불어온 청풍은 물위에 가득해.

67. 好書(1)

暫時風雅不思時, 生活變移期必知.
善本名書何者有, 百年學習別無怡.

잠시간 풍아를 생각지 않을때,
생활의 변이를 반드시 알리라.
선본과 명서로 무엇이 있는가,
백년을 배워도 기쁨은 별무라.

68. 好書(2)

古書幾卷一生存, 文字象形哲學言.
所見依支風雅樂, 筆痕同見自身痕.

옛 책 몇 권이 일생에 있는데,
문자의 상형은 철학을 말하네.
소견에 의지해 풍아를 즐기니,
필흔은 함께 본 자신의 자취라.

69. 好書(3)

山外有山胸裏山, 人間到處訪仙閑.
他鄕故舊無關事, 靑史暫留黃券還.

산 밖에 산 있어 마음의 산이라,
인간은 도처에 한가히 신선 찾네.
타향의 옛 친구 무관한 일이나,
역사에 머무는 책으로 돌아오네.

70. 第4回 東洋書藝大展

三國名人集一堂, 奇才表現筆痕揚.
內容相異精神合, 相互交流發展昌.

삼국의 명인들 일당에 모여서,
기재의 표현인 필흔이 드날려.
내용은 다르나 정신이 합하니,
서로의 교류로 발전이 창성해.

*2005. 6. 29.(조선일보미술관 국제서예전)

71. 養素軒展示

詩有筆痕文士論, 根源固守藝人魂.
依支古典調和創, 書畵刻幷養素軒.

시속에 필흔은 문사의 말이고,
근원을 지키는 예인의 혼일세.
고전에 의지한 조화를 이룸은,
서화와 각으로 아우른 양소헌.

*2005. 6. 29.~7. 5.(세종문화회관)

72. 月夜看不同一筆

芙蓉乘月畵船來, 居獨後園風到徊.
香氣我心休暫醉, 必遊墨客弄毫臺.

부용이 달타고 그림배 오는데,
혼자의 후원에 바람이 어정대.
향기로 내맘이 잠깐은 취하니,
묵객이 노니는 붓질의 자리라.

73. 世評

獨來獨去我人生, 多樣變移相鬪聲.
一步暫時停止裏, 明月滿庭世上評.

홀로 와 홀로 갈 나의 인생살이,
다양한 변이로 상투의 소리나.
한 발짝 잠깐만 멈추는 속에는,
명월이 뜰에 차 세상을 평하네.

74. 於江華

無慾精神爭鬪無, 相尊發展汝余娛.
瞬間事實重要迹, 一筆一痕歌舊都.

욕심이 없으면 다툼이 없는데,
상존의 발전에 너와나 즐기네.
순간의 사실이 중요한 흔적을,
한필의 흔적에 옛도읍 노래해.

75. 韓國書藝家協會40回展

四十一年歷史明, 我邦書藝獻身驚.
詩文劣勢問題克, 向後筆痕發展聲.

사십일 년간의 역사가 분명해,
이나라 서예의 헌신에 놀랐네.
시문의 열세와 문제를 극복해,
앞으로 필흔은 발전의 소리라.

*2005. 6. 30.~7. 6.(백악미술관)

76. 釣士

靑天數點白雲浮, 洌水片瓦閑暇流.
柳影千絲鴻雁樂, 長堤釣士竹竿儔.

하늘엔 몇점의 백운이 떠있고,
한강에 기왓장 한가히 흐르네.
버들의 천사는 홍안과 즐겁고,
장제의 낚시꾼 죽간이 짝하네.

77. 人生

道德人生文字言, 險難世上必然門.
浮雲泥裏禁相鬪, 無二自身來往根.

도덕적 인생은 문자로 말하고,
험난한 세상에 필연적 문이라.
뜬구름 흙탕물 다툼을 금하면,
하나인 자신의 근본이 오가리.

78. 爲名利

世人過半利名依, 反復日常事實違.
素質養成明技藝, 自然目標巷間輝.

세인은 대부분 명리에 의지해,
반복된 일상은 사실과 다르네.
소질을 양성해 기예를 밝히면,
자연히 목표는 항간에 빛나리.

79. 憶梅

江南東帝笑春梅, 君子愛情許多徊.
桃李後從花發鬪, 人心開放用天材.

강남엔 봄신이 매화를 피우니,
군자의 애정은 허다히 노니네.
도리가 뒤좇아 다투어 피는데,
인심의 개방은 천재로 쓰이네.

80. 江華第一峰

磨尼山頂塹城壇, 獨坐仙人世上看.
天帝常時民族守, 傳統精神文化殘.

마니산 꼭대기 참성단에서는,
독좌한 신선이 세상을 보는구나.
천제는 언제나 민족을 지키니,
전통의 정신은 문화로 남았네.

* 塹城壇 : 사적지136호
　　　　인천광역시 강화군 화도면 흥왕리 산42-1

81. 經濟至難(1)

太平歲月願何人, 亂政黎民生活辛.
黨利周邊常外面, 難流經濟渡江新.

태평의 세월은 누구든 원하나,
난정에 백성들 생활이 힘드네.
당리로 주변은 언제나 모르고,
난류의 경제가 도강이 새롭네.

82. 文生

浮雲高嶺鳥飛涯, 千里江山我眼佳.
遠近草家明月入, 文人案上筆魂懷.

뜬구름 높은산 물가엔 새날고,
천리의 강산은 내눈에 곱구나.
원근의 초가엔 밝은달 들어차,
문인의 책상엔 글씨만 품는가.

83. 經濟至難(2)

鳥飛山上舞無難, 槿域山川今不安.
民怨不知當外面, 時間解決眼前看.

나는새 산상에 무난히 춤추고,
이나라 산천이 지금은 불안해.
민원을 모르니 당연히 외면해,
시간의 해결이 눈앞에 보이네.

84. 泰安

萬里山川樹林同, 四方天地瑞雲豊.
大韓民國太平國, 多數人生何事窮.

만리의 강산에 숲들이 같으니,
사방의 천지엔 서운이 풍성해.
대한민국 태평스런 나라이니,
다수의 인생들 무엇이 궁한가.

85. 雨天卽事

霪雨灰天飛鳥無, 萬人咸集靜城都.
是如季節換環境, 歲月不知何事娛.

장마에 흐리니 나는새 없는데,
만인의 모임에 성도는 고요해.
이러한 계절은 환경이 바뀌니,
세월은 모른다 무엇이 좋은지.

86. 扇面展

名士一堂扇面揚, 炎天環境筆痕光.
個人心性異書寫, 觀客無言胸裏涼.

명사가 일당에 부채를 드날려,
더운날 환경에 필흔이 빛나네.
개인의 심성에 서사가 다르니,
관객은 말없이 마음만 서늘해.

87. 日沒樽前

花影玉壺淸影浮, 月明銀酌紫光流.
莫斯世事無涯事, 日盡樽前故友儔.

화영은 옥호에 그림자 띄우고,
명월은 은잔에 보랏빛 흐르네.
세상사 말마라 끝없는 일이니,
해지면 술놓고 친구와 짝하세.

88. 花遊

梅蘭菊竹四君子, 文士畵師揮灑遊.
紙面心痕心醉際, 放言筆墨古言儔.

매화 난초 국화 대가 사군자라,
문사와 화사는 휘갈겨 노니네.
지면에 마음을 빼앗길 때에는,
말하는 필묵이 옛말과 짝하네.

89. 憶梅

樹枝白雪笑梅花, 寒氣自身香氣加.
數朶천眞舒季節, 三春近接是閑家.

나무에 백설이 매화를 피울때,
한기는 자신이 향기를 더하네.
몇송이 청진이 계절을 펼치니,
봄날도 가깝고 집안도 한가해.

90. 憶去年秋季

淸湖秋水洗輕毫, 書寫吟風詩格高.
如此好人今遂感, 贈君一卷此時遭.

청호에 가을물 가볍게 붓씻고,
서사에 음풍은 시격이 높구나.
이렇게 좋은걸 지금에 느끼니,
보내준 한권을 이때에 만날까.

91. 仙人幽處

太華西南靑竹林, 落花流水自流臨.
禪師何事今不見, 雲霧繞山居處深.

태화의 서남은 청죽의 숲인데,
낙화에 유수는 저절로 임하네.
선사는 어이해 만날수 없는지,
운무가 낀산에 거처가 깊다네.

92. 鳥遊

家在漢江南岸前, 一灣溢水眼中連.
種來松樹高於屋, 林上小鳥不知傳.

한강물 남쪽에 강둑 앞집인데,
한 굽이 넘친 물 눈앞에 이어져.
소나무 심어서 집 앞이 높은데,
나무 위 소조는 전할줄 모르네.

93. 思秋

隣近女兒雙髻螺, 呼出漢江靜夜歌.
酒醒月明起鄕事, 不遠秋風枯葉荷.

이웃의 여아는 두갈래 머리라,
불러내 한강가 조용한 밤노래.
술깨자 달밝고 고향일 생각나,
머잖아 추풍에 연잎이 마르리.

94. 文名虛名

霧煙濃露覆朝霞, 何向自然問我家.
本是美人言薄命, 文名根葉不名花.

안개와 이슬은 조하가 뒤덮고,
자연은 어디라 내 집에 묻고나.
본래가 미인은 박명이라 했지,
문명의 뿌리가 멋진 꽃 아닐세.

95. 憶孟思誠

爲民政策不知聲, 百姓何如生活爭.
此時表象名宰相, 淸貧實體孟思誠.

위민의 정책을 모르는 소린데,
백성은 어이해 생활로 다투나.
이때의 표상이 명제상 이라니,
청빈한 실체는 맹사성 이라네.

*맹사성(號:古佛/1360~1438. 高麗末최영장군의 孫壻)

96. 古寺一隅

訪寺老僧依杖閑, 小兒削髮笛吹還.
蒼煙木繞靑林裏, 落照紅霞覆碧山.

절찾자 노승의 지팡이 한가해,
아이는 삭발로 피리로 돌아와.
창연이 감싸는 푸른숲 속에서,
낙조는 발갛게 푸른산 뒤덮네.

97. 士行

名山必是有神仙, 自古聖賢行實連.
處世言中明結果, 金經理致士門聯.

명산엔 반드시 신선이 있으니,
자고로 성현은 행실로 잇닿네.
처세는 말속에 경과가 분명코,
금경의 이치는 선비네 잇닿네.

98. 故鄕

山中啼鳥徑無人, 樹上白雲閑暇巡.
花落空庭明月入, 故鄕何處不知親.

산중에 우는새 사람은 없는데,
나무위 백운은 한가히 어정대.
꽃지는 공정에 달빛이 들어차,
고향이 어디냐 몰라도 친하네.

99. 仁寺 아트인테리어 小品展(1)

書畵一堂小品光, 漢韓多樣造形揚.
詩文刻字同場掛, 兩國作家友誼昌.

서화가 한곳에 소품이 빛나니,
국한문 다양한 조형이 드날려.
시문에 새김질 같은데 걸리니,
양국의 작가들 우의가 번창해.

*兩國=韓·日
*2005. 6. 29.~7. 4.(仁寺 아트센터)

100. 仁寺 아트인테리어 小品展(2)

紙面小形意志明, 詩書畵刻自身聲.
短言一句精神潔, 展示內容感動驚.

지면은 작으나 의지는 분명해,
시서에 화각은 자신의 소리라.
짧은 말 한 마디 정신이 맑아,
전시의 내용에 놀라운 감동이.

101. 南瓜花

南瓜大葉落花黃, 三兩幼鷄走下牆.
終日同場關自在, 我妻移動水西秧.

호박꽃 큰 잎에 노랑꽃 떨어져,
두세 마리 병아리 담 아래 달려.
종일을 같은 곳 혼자서 있는데,
아내는 움직여서 수서에 심구나.

*南瓜=호박꽃

102. 何日偶思

六月清風炎氣消, 三南山色考芭蕉.
一聲吹笛何人播, 綠樹陰濃覆小橋.

유월의 청풍은 더위를 식히고,
삼남의 산색은 파초를 생각해.
한 가닥 피리 그 누가 퍼뜨려,
녹수의 그늘이 소교를 뒤덮네.

103. 精神

幽靜深山心若雲, 徘徊運氣聖靈云.
古今不問書痕起, 無變精神筆墨紋.

조용한 깊은산 구름이 가리고,
나도는 운기는 성령을 말하네.
고금을 불문코 서흔이 일어나,
무변의 정신은 필묵에 주름져.

104. 歷史之痕迹

韓日兩邦同族多, 戰爭倂合冤魂歌.
不忘歷史看羊錄, 現世黎民務調和.

한일의 두나라 동족이 많은데,
싸워서 병합된 원혼이 노래해.
못잊을 역사는 기록에 보이니,
현세의 백성은 조화에 힘쓰네.

*睡隱 姜沆(1567~1618)의 시를 읽고

105. 姜沆詩次韻

知日半生常酒盃, 華奢金殿孰爲拐.
龍鷄再亂辱民族, 何事也今抑壓來.

반생을 알기를 언제나 술인데,
화사한 금전에 누구를 속이나.
정유년 재란은 민족의 수치라,
어이해 지금도 억압을 부르나.

*龍鷄=壬辰, 丁酉의 合稱

106. 憶光復六十年

光復已過侵略頻, 海東槿域守人倫.
誠心開卷思千古, 何者只今責任人.

광복이 지나도 침략은 빈번해,
해동의 근역은 인륜을 지켰네.
성심껏 책펴고 영원을 생각해,
누구든 지금도 책임질 사람들.

107. 行書

筆痕王法慕虛名, 習氣如前不樂京.
道學寫書非我事, 硯池磨墨灑眞行.

필흔은 왕법의 허명을 원하니,
습기가 여전해 그다지 안즐겨.
도학의 사서는 내일이 아니고,
벼루에 마묵해 참행실 뿌리네.

108. 江岸景致

綠樹陰濃凉氣遲, 江邊高館眼前池.
隣翁釣士垂竿坐, 洌水閑流我心怡.

푸른숲 그늘에 서늘함 늦으니,
강변의 높은집 눈앞에 못이라.
이웃의 낚시꾼 앉아서 드리워,
한강은 한가해 내마음 기쁘네.

109. 春景

赤壁江頭花發春, 梅香濃處東帝巡.
騷人此景記何事, 是畫也誰不語眞.

적벽의 강두에 꽃피는 봄이라,
매향이 짙은곳 동제가 임하네.
시인이 이경치 무엇을 적을까,
이그림 누구든 진실로 말없네.

110. 言行記錄

歷史古今痕迹殘, 善行龜鑑惡行看.
人間限界終無限, 以後處身連太安.

역사는 고금의 흔적을 남기고,
선행을 귀감으로 악행을 보네.
인간의 한계는 끝없이 미치니,
이후에 처신은 태안에 잇닿네.

111. 操身

善惡知行各異人, 文書記錄是如眞.
時宜適切出評判, 不恥以爲行動辛.

선악의 행실은 사람이 다른데,
문서로 기록은 이렇게 진실해.
때맞춰 적절히 평판이 나오니,
부끄럽지 않으려 행동이 맵네.

112. 讀後感朝鮮之心(1)

文士筆痕歷史連, 事緣多樣核心先.
草堂詞伯從思考, 民族大流確實篇.

문사의 필흔은 역사로 잇닿고,
사연은 다양한 핵심이 먼절세.
신초당 사백의 생각에 따라서,
민족의 대류를 확실히 적었네.

*草堂=辛奉承詞伯之雅號(조선의 마음을 읽고)

113. 市場

百貨移行財政難, 買入千客市聲歡.
去來現實商團樂, 四海交遊眞太安.

백화점 이행은 재정이 어렵고,
살려는 손님은 즐거운 소릴세.
거래의 현실은 장사로 즐기니,
세계의 교유는 참으로 편안해.

114. 仙人歸路

巖罅白雲生霧煙, 淸溪流水熱炎連.
森林無影陽先入, 歸路靑牛仙客牽.

바위틈 백운과 안개가 생기고,
개울의 유수는 더위로 이어져.
숲에는 무영에 햇볕이 먼저라,
귀로의 청우는 선객이 이끄네.

115. 讀後感朝鮮之心(2)

朝鮮百姓善良人, 權力鬪爭民草辛.
開放國家治者厭, 外邦發展自然親.

조선의 백성은 선량한 사람들,
권력의 투쟁에 민초만 힘드네.
개방한 국가의 관리가 싫으니,
외국의 발전에 자연히 친하네.

116. 讀後感朝鮮之心(3)

小說依支敎育成, 周邊情況糾明驚.
列强開放務多樣, 鎖國無知百姓醒.

소설에 의지해 교육을 이루고,
주변의 정황을 규명에 놀라네.
열강이 개방해 많이들 힘쓰니,
쇄국을 모르던 백성이 깨닫네.

117. 讀後感朝鮮之心(4)

歷史不知無國家, 人間生活太平何.
必然事實分明解, 相互儼存共自他.

역사를 모르는 국가는 없는데,
인간의 생활은 무엇이 편한가.
필연적 사실을 분명히 푼다면,
서로가 엄존해 너와나 함께해.

118. 心

晝夜三光照我心, 白頭行動考和音.
一生過慾讀何卷, 富貴不貪靜中臨.

주야로 삼광은 내마음 비추고,
백두에 행동은 화음을 생각해.
일생을 과욕한 몇권을 읽었나,
부귀를 모르고 조용히 임하네.

119. 人生如此

一生筆墨畫人生, 不易心中處士聲.
紙面無涯開展語, 是如世事也誰驚.

일생을 필묵의 인생을 그리니,
못바꾼 마음이 처사의 소리라.
지면에 끝없이 펼쳐서 말하니,
이같은 세상사 누구든 놀라네.

120. 憶黃喜政丞

仰天臺上白雲徐, 聖地周邊來客疎.
名相遺痕殘記錄, 厖村行實只今餘.

앙천대 위에는 흰구름 흐르고,
성지의 주변엔 내객이 통하네.
명재상 유흔은 기록에 남았고,
방촌의 행실은 지금도 넉넉해.

*厖村=黃喜政丞之雅號

121. 何日夕

綠樹滿山日欲斜, 江邊水色潔無遐.
也誰不管炎天去, 車輛騷音畵裏霞.

녹수의 만산에 햇살이 비끼니,
강변의 물색은 끝없이 맑구나.
아무도 몰라도 더위는 가는데,
차량의 소음은 그림속 놀이라.

122. 讀書(1)

閑暇獨居無客處, 空庭雨氣雀群喧.
樹梢微動白雲遠, 終日靜中開卷言.

한가히 혼자서 손없는 곳에서,
빈뜰에 비오나 참새들 재잘대.
나무끝 미동에 백운은 멀어져,
왼종일 조용히 책보며 말하네.

123. 古事

鐵船碇泊大同江, 一擊全員沈沒邦.
外國交流無一切, 朝鮮實像說明杠.

철선이 정박한 대동강에서는,
일격에 모두를 침몰시킨 나라.
외국과 교류가 일체 없음인데,
조선의 실상을 설명한 다리라.

124. 런던 테러

論頓市街事故生, 萬邦視線集中驚.
戰爭恰似犧牲起, 警戒穩全高自聲.

런던의 시가에 사고가 생기니,
만방의 시선이 집중해 놀랐네.
전쟁과 흡사한 희생이 일어나,
경계를 온전히 자성이 높다네.

*2005. 7. 8.~9.(런던시내의 테러사건)

125. 春興索酒家

淸明季節雨頻煩, 來往行人誰不言.
近處酒家何處在, 無看畢竟木蓮村.

청명의 계절에 빈번히 비내려,
오가는 행인은 누구든 말없네.
근처에 술집이 어디에 있는가,
없어도 필경은 목련촌 이던가.

126. 月仄

無杖登高處又高, 仙人利用白雲遭.
微風四面靜吹到, 頭上片月西願逃.

그대로 높이 오른 또 높은 그곳,
선인이 이용한 흰 구름 만났네.
미풍은 사면에 고요히 이르니.
머리 위 조각달 서녘에 숨는가.

127. 三淸詩社展所見

三淸詩社墨痕看, 多樣筆端形象安.
時代符應文句滿, 是如運動展無難.

삼청시사의 묵흔을 살펴보면,
다양한 붓끝의 형상에 안심해.
시대에 부응한 문구를 채우니,
이 같은 운동을 무난히 펼치네.

128. 和

和氣尙存要必然, 女男不問也誰先.
一分讓步一分得, 世上何人便利筵.

화기가 있음은 필연적 요구라,
남녀를 불문코 누구든 먼절세.
한 푼을 양보해 한 푼을 얻어,
세상에 누구든 편리한 자리라.

129. 又漢江

覆煙洌水尙閑流, 兩岸照明淡影浮.
昨日雨天今日霧, 往還車輛大橋留.

연기 낀 한강은 오히려 한가해,
양 둑에 조명은 어슴푸레 떴네.
어제는 비오고 오늘은 안개라,
오가는 차량이 대교에 머무네.

130. 無題

洌水輕舟閑暇渡, 南山尖塔自然光.
煙霞江岸柳陰繞, 雲裏常存無變陽.

한강에 조각배 한가히 건너니,
남산의 첨탑이 자연히 빛나네.
이내가 강둑에 버들을 휘감자,
구름 속에 머문 무변의 태양이.

131. 自然根本

萬物依陽實體光, 水流下向大洋昌.
人間諸事造形企, 根本自然畫像揚.

만물은 빛으로 실체가 빛나니,
수류는 아래로 대양이 번창해.
인간의 모든일 조형을 바라니,
근본은 자연히 화상을 드날려.

132. 蘭亭筆會 21回 德島(도꾸지마)展

德島蘭亭集世人, 海洋廣闊擧精神.
筆痕意志似魂魄, 持續友情殘善隣.

도꾸지마 난정 세인이 모이니,
해양엔 광활한 정신이 움직여.
필흔의 의지는 혼백을 닮았고,
이어진 우정에 좋은 벗 남았네.

133. 退溪先生詩次韻

心從王法不成名, 俗氣一生留上京.
平素臨書常厭事, 筆端意志尚徐行.

마음은 왕법에 이름이 없는데,
속기로 일생을 상경해 머무네.
평소에 임서는 언제나 싫은일,
붓끝의 의지는 천천히 바라네.

134. 坐禪

雲畔精廬依一生, 靜禪四十不當聲.
山中散步無筇可, 筆墨詠吟塵世盈.

구름낀 오두막 일생을 의지해,
정선의 사십년 부당한 소리라.
산중에 산보는 그대로 되는데,
필묵과 영음은 세상을 채우네.

135. 德

喜怒相存心裏生, 言中愛樂願先聲.
故人如此愼重考, 讓步善行天德驚.

희로의 상존은 마음에 생기니,
말속에 애락은 선성을 바라네.
고인은 이렇게 신중히 생각해,
양보한 선행의 천덕에 놀라네.

136. 言君子

寬理潔筋君子行, 柔剛直動必然明.
是加勇實人間質, 今世宜當視稀聲.

너그럽고 깨끗함 군자의 행실,
유강의 움직임 반드시 밝히네.
이러한 결단은 인간의 본질로,
지금은 마땅히 드문 소리 보네.

137. 雨期江頭景色

週末灰天淡氣分, 公園散策不多云.
長期霖雨乾坤濕, 增水江中樂鯉群.

주말이 흐려서 기분도 흐린데,
공원의 산책은 적다고 말하네.
장기간 장맛비 천지를 적시니,
불어난 강물에 잉어들 즐겁네.

138. 吾亭三女婚事

吾亭畵伯笑顔明, 藝術中心叫自聲.
多樣貴賓咸集席, 平生作業部分驚.

오정화백의 웃는 얼굴 밝으니,
예술의 중심에서 스스로 불러.
다양한 귀빈이 모여든 자리에,
일생의 작업에 부분적 놀라움.

*吾亭=安鳳圭畵伯之雅號

139. 汝矣公園

汝矣公園遊客多, 東山淵裏水蓮佳.
樹林小路美瑤草, 中島繁華江岸何.

여의도 공원엔 놀이꾼 많은데,
동산의 못속엔 수련이 곱구나.
숲속의 소로엔 요초가 고운데,
중도의 번화로 강안은 어떤가.

140. 서울書藝비엔날레贗品是非(1)

贗品問題同古今, 筆痕造作不無禁.
故人遺跡僞如此, 主管當然責任深.

안품의 문제는 고금이 같은데,
필흔의 조작은 금할 수 없네.
고인의 유적을 이렇게 가짜로,
주관자 당연히 책임이 깊구나.

141. 三淸詩社

多樣詩人多樣言, 胸中意志筆痕魂.
一堂掛壁美心畵, 書伯立場如此論.

다양한 시인의 다양한 말들이,
마음의 의지가 필흔의 혼일세.
일당에 걸어둔 심화가 고운데,
서가들 입장엔 이렇게 말하네.

142. 自作

書者胸中詩語存, 技能思考一根言.
借文實力不無視, 自作瓊章歷史痕.

서자의 마음엔 시어가 있는데,
기능과 생각은 한 뿌리라 하네.
차문의 실력도 무시를 못하나,
자작의 경장은 그 흔적 역사라.

143. 서울書藝비엔날레贗品是非(2)

眞僞論爭同古今, 詩文書刻問題深.
署名筆跡代書可, 作者精神何有臨.

진위의 논쟁은 고금이 같은데,
시문과 서각에 문제가 깊구나.
서명의 필적은 대서가 되지만,
작가의 정신은 어디에 임하나.

144. 서울書藝비엔날레贗品是非(3)

失手何人有發生, 問題認證本形傾.
無知事實確然白, 永遠恥行歷史橫.

실수는 누구든 있을수 있는데,
문제의 인증은 본형이 기울어.
모르는 사실을 확연히 말하니,
영원한 치행은 역사에 놓이네.

145. 炎天閑事

牧丹炎月雨期于, 胡蝶不飛香氣無.
赤色花開靑葉列, 榮華富貴也誰娛.

모란은 더운달 우기에 피는가,
나비가 없으니 향기도 없구나.
붉은색 꽃피니 푸른잎 늘어져,
영화와 부귀는 누구든 즐기네.

146. 不依支

人書俱老有名言, 筆墨旅程航海論.
從法根源知細密, 新形造化手端痕.

글과 함께 익는 유명한 말인데,
필묵의 여정을 항해라 말하네.
근원적 법 따라 상세히 안다면,
새로운 조화도 흔적은 손끝에.

147. 思慮

書寫精神思考生, 形形色色筆痕聲.
胸中意志成紙面, 文士代身尊敬驚.

서사의 정신은 생각에 생기고,
다양한 모양은 필흔의 소릴세.
마음의 의지를 지면에 이루니,
문사를 대신한 존경에 놀라네.

148. 難局(2)

護國英靈今不言, 五千歷史不忘魂.
血流嚴守明疆土, 向後問題何者番.

호국의 영령들 지금도 말없이,
오천년 역사를 기억한 혼일세.
피흘려 지켜낸 강토가 분명해,
앞으로 문제는 누구의 차롄가.

149. 奉恩寺周邊

明月淸風滿案詩, 昊天暗夜酒筵知.
銀河半落奉恩寺, 雲霧初開秘境窺.

명월과 청풍이 책상에 시 가득,
하늘은 어두워도 술자리 알겠지.
은하가 반쯤 진 봉은사 정경에,
운무가 끼이니 비경을 엿보네.

150. 江岸

風雨不來炎氣高, 天邊宿鳥樹枝遭.
月臨江畔人橫笛, 岸草綠痕楊柳皐.

풍우는 없으나 더위는 찌는데,
하늘가 자던새 나무를 만나네.
달뜨는 강반에 사람은 피리를,
둑풀은 푸르니 버들의 언덕이.

151. 蟬鳴夏季(1)

樹下兒童遊兩三, 濃陰涼處午眠甘.
蟬鳴隣近喧搖亂, 季節根源如是談.

수하에 아이가 두세명 노는데,
그늘에 시원한 낮잠이 달구나.
매미가 인근에 요란을 떠는데,
계절의 근원은 이같이 말하네.

152. 藝苑

藝術追求言語形, 詩文書畵見爲銘.
自然造化源泉態, 萬事如如實像幷.

예술의 추구는 언어의 모양새,
시문과 서화는 보기로 새기네.
자연의 조화는 원천적 태도라,
만사가 이렇게 실상을 아울러.

153. 炎天

炎天之下到微風, 世上何人歡喜同.
綠樹細梢當靜動, 白鷗閑暇水泳中.

더위가 한창때 미풍이 분다면,
세상에 누구든 기쁨은 같다네.
녹수의 가지가 조용히 움직여,
갈매기 한가히 수영에 들었네.

154. 先驅

浮雲起處碧巖關, 鳥飛樹林鳥鳴還.
身在水中淸覓水, 日光照嶺勿尋山.

뜬구름 이는곳 벽암이 막는데,
나는새 수림에 울면서 돌아와.
몸있는 물속에 맑음을 찾는데,
해비친 봉우리 찾지를 말아야.

155. 詳言

學文理致學文云, 生活順序生活聞.
五里霧中難覓窮, 乘雲仙客不知雲.

학문의 이치는 학문이 말하고,
생활의 순서는 생활에 묻는다.
앞뒤가 안보여 찾기가 어려워,
구름탄 신선도 구름을 모르네.

156. 藝文會展所見(1)

韓國精神此處明, 詩書刻畵叫同聲.
滿人祝賀藝文會, 今後無涯不變橫.

한국의 정신은 여기가 분명해,
시서에 각화가 같은말 소리쳐.
모두가 축하한 예문회 행사는,
이후도 끝없이 그대로 통하네.

*2005. 7. 13.~18.(於조선일보미술관)

157. 藝文會展所見(2)

詩書繪畵彫陶合, 韓國精神文化場.
最善手痕同掛壁, 藝文總體一堂揚.

시서 회화에 조각 도자 합하니,
한국의 정신인 문화의 장일세.
최선의 흔적이 같은 벽에 걸려,
예문의 총체가 일당에 드날려.

158. 憶廈門(샤먼)印象

南域廈門熱帶邦, 西歐樣式島形揚.
去來活潑茶文化, 中國東端別景光.

남쪽의 샤먼은 열대의 나란데,
서구의 양식이 섬모양 드날려.
거래가 활발한 최고의 차문화,
중국의 동단에 별경이 빛나네.

159. 書畫同

筆寫可能竹寫能, 詩中有畫是如承.
書家自覺同書繪. 心境意增高一層.

필사의 가능은 대 그림 능한데,
시중에 그림 있어 이처럼 잇네.
서가의 자각은 서화가 같은데,
심경의 의증은 더한층 높구나.

160. 意中有畫

書家寫竹必然眞, 紙面從思均等辛.
明月天高無月影, 意中有畫筆端彬.

서가가 그린 대 반드시 진실해,
지면에 생각 따라 균등 힘드네.
명월이 높지만 달 그늘 없으니,
뜻하는 그림은 붓끝이 빛나네.

161. 亂政

江天一色尙無塵, 晴昊雲間孤月輪.
樹裏鳥鳴淸氣感, 邦家亂政我心辛.

강하늘 일색은 오히려 깨끗해,
갠하늘 운간에 둥근달 외롭네.
숲에서 새울자 청기를 느끼고,
나라의 난정에 내마음 힘드네.

162. 於高速道上

盛夏江山煙霧橫, 樹林同色異蟬聲.
暫晴霖雨留南域, 車輛轟音兩耳驚.

한여름 강산에 연무가 가르니,
수림은 같으나 매미소리 달라.
잠깐 개인 장마 남쪽에 머물고,
차량의 굉음에 두 귀가 놀라네.

163. 樹下陰濃

水國霧煙濃四方, 乾坤同色不知光.
灰天到處喧蟬泣, 樹下陰濃涼氣昌.

물나라 이내는 사방이 짙은데,
천지가 같으니 그빛을 몰라라.
흐린날 도처에 매미가 우는데,
수하의 그늘엔 서늘함 일어나.

164. 錦江遊園地

遠近淡雲天地同, 炎天熱氣水中窮.
錦江絶景眼前展, 樹上鴉巢雛餌豊.

원근의 옅은 이내 천지가 같고,
더운 날 열기에 물속을 궁구해.
금강의 절경이 눈앞에 펼치고,
나무 위 까치집 새끼먹이 풍성.

165. 人生

六十二年石火同, 人間榮辱必然空.
今朝一念笑顔樂, 萬里江山何事窮.

육십 이년이 빛처럼 같이 가니,
인간의 영욕은 반드시 빈다네.
금조의 생각에 웃으며 즐기나,
만리의 강산에 무엇을 궁구해.

166. 祈禱

先行祈禱日常心, 萬事調和比律琴.
妄想不求眞不除, 人生險路必然臨.

기도를 먼저한 일상의 마음이,
만사의 조화를 음률에 비하네.
망상을 떠나고 진실을 제하면,
인생의 험로를 반드시 임하리.

167. 憶桃花境

桃花書寫氣分明, 茅屋一隅筆墨聲.
春季事情形象見, 自然變化也誰驚.

도화의 서사에 기분이 밝으니,
초가집 한구석 필묵이 말하네.
봄철의 사정은 모양만 보이니,
자연의 변화엔 누구든 놀라네.

168. 幽谷處士

芳草江山香氣生, 深深幽谷水流聲.
無人寂寂村閑暇, 騷客心中萬事橫.

방초의 강산에 향기가 일어나,
깊은곳 유곡에 물소리 들리네.
찾는이 없으니 한가한 촌락에,
시인의 심중엔 만사가 일어나.

169. 朝鮮歷史

朝鮮行蹟有何如, 五百年間山積書.
實錄只今傳寶用, 萬邦驚愕必然餘.

조선의 행적은 어떻게 있는가,
오백 년간이나 산적한 문서들.
실록은 지금도 보물로 전하니,
세계가 놀라고 그렇게 남았네.

170. 讀書之味

讀書何者富心思, 啓發進行確實知.
群像胸中相互補, 燦然歷史眼前窺.

독서는 누구든 마음이 부해져,
계발의 진행을 확실히 알도다.
모두의 마음엔 서로의 보완이,
찬연한 역사가 눈앞에 보이네.

171. 安平大君

夢裏桃源繪畫揚, 安平氣槪筆痕光.
世人不變只今慕, 文化先頭匪懈堂.

꿈속의 도원경 그림이 드날려,
안평의 기개인 필흔이 빛나네.
세인은 그대로 지금도 사모해,
문화의 선두엔 비해당 있다네.

*安平大君=李瑢(1418~1453), 字=淸之, 雅號=梅竹軒, 匪懈堂. 琅玕居士.

172. 安堅畵痕

安堅繪畵只今加, 一百超過眞品誇.
傳統朝鮮明筆法, 墨戱痕迹美如霞.

안견의 그림은 지금도 더해져,
백편을 초과한 진품의 자랑이.
전통의 조선식 필법이 분명해,
묵희의 흔적이 놀처럼 곱구나.

173. 泛翁

行草典形傳統懷, 安平故友保閒齋.
跋文美態極流麗, 賢士泛翁歷史偕.

행초의 전형이 전통을 품는데,
안평의 고우인 보한재 있구나.
발문의 미태는 유려의 극치라,
현사인 범옹은 역사와 함께해.

*泛翁=申叔舟(1417~1475)之雅號. 堂號=保閒齋.

174. 制憲58周年

制憲爲民五八年, 法中法外政治連.
戰爭被害掌權力, 百姓于先不穩全.

제헌의 위민은 오십팔 년인데,
법속은 법밖과 정치로 잇닿네.
전쟁의 피해로 권력을 장악해,
백성들 우선이 온전치 못하네.

175. 聾谷展所見

聾谷大形書畫生, 人間心性筆端聲.
括虛和尙金言主, 氣槪同時表現驚.

농곡이 커다란 서화를 낳으니,
인간의 심성과 붓끝의 소리라.
괄허란 화상의 금언을 위주로,
기개가 동시로 표현에 놀랐네.

*聾谷=趙庸澈之雅號(2005. 7. 19.~28. 於대구불교회관1F/목연갤러리)

176. 夏(1)

蟬聲喧處坐幽陰, 遊客早朝至急尋.
炎氣漫然迎季節, 五風十雨我心臨.

매미가 시끄런 그늘에 앉아서,
유객은 조조에 급하게 생각해.
더위가 만연한 계절을 맞으니,
오풍에 십우가 내맘에 임하네.

*五風十雨=닷새에 바람 한 번 불고 열흘에 비 한 번 내리고.

177. 夏(2)

六月蟬聲熱氣生, 濃陰樹下座談橫.
炎天九十終生命, 遠處白雲描畵驚.

유월의 매미는 열기가 생기고,
그늘진 나무 밑 좌담이 걸치네.
여름철 구십일 생명이 끝나면,
먼 곳의 흰 구름 그림에 놀라.

178. 詩難

詩題難解內容無, 事物展開皆自娛.
世事人爲同一像, 必然胸裏寫生圖.

시제가 난해해 내용도 없으니,
사물의 전개는 모두가 즐겁네.
세상사 사람 위한 같은 상인데,
반드시 마음은 그림을 그리네.

179. 緣京學印展(1)

八名篆刻一堂催, 多樣造形多樣開.
古代根源不忘見, 只今視覺換元來.

여덟명 전각가 한곳에 펼치니,
다양한 조형이 많은꼴 열리네.
고대의 근원을 그대로 보이니,
지금의 시각을 원래로 바꿨네.

*2005. 7. 13.~19.(인사갤러리)

180. 吉再先生詩述志次韻

江邊大廈我閑居, 明月天高炎氣餘.
訪問白丁當酒席, 公園樹下樂看書.

강변의 아파트 한가히 지내니,
명월은 높은데 더위는 남았네.
방문한 사나이 술자리 당연히,
공원의 수하에 책보며 즐기네.

*吉再(1353~1419)=冶隱先生之諱, 麗末三隱中一人.

181. 緣京學印展(2)

緣京學印手痕看, 技藝八名區別難.
間或大家形象見, 精誠咸集感平安

연경의 학인들 솜씨를 살피니,
기예의 팔명은 구별이 어렵네.
간혹은 대가의 형상이 보이나,
정성의 모임에 평안을 느끼네.

182. 勞動爭議

勞動鬪爭如戰爭, 賃金上向不公平.
全般利己反民意, 生産低調負擔明.

노동의 투쟁은 전쟁과 같은데,
임금의 상향은 불공평 하구나.
모두가 이기면 민의에 반하니,
생산의 저조는 부담이 분명해.

183. 無題

人間也孰失言從, 過誤認知首肯窮.
指摘互相謨便意, 始終無改不仁同.

인간은 누구든 실언이 있으니,
과오를 알고도 수긍이 궁하네.
지적은 서로가 편함을 꾀하니,
끝까지 그대로 불인과 같구나.

184. 柳絲

近水人家幾處連, 炎天物色綠陰先.
吟詩詞賦成胸裏, 楊柳千絲江岸聯.

물가의 인가는 몇곳에 잇닿고,
더운날 물색은 녹음이 먼절세.
음시에 사부는 생각이 이루고,
버들의 가지는 강둑에 잇닿네.

185. 江岸景致

江上微風草笛生, 山川綠水一連橫.
雲深不見片舟急, 柳影千枝琴自聲.

강상은 미풍에 풀피리 들리고,
산천의 녹수는 하나로 꿰뚫네.
구름에 안보인 쪽배는 급한데,
유영의 가지는 제소리 내누나.

186. 夕陽

萬里江山開槿花, 西岑日暮夕陽斜.
白鷗水上雙雙散, 美態無爲實際誇.

만리의 강산에 무궁화 피는데,
서산에 해지니 석양도 비끼네.
갈매기 물위에 쌍쌍이 나는데,
모양은 모르나 실제를 자랑해.

187. 何日炎天

霖雨從時熱氣來, 山川何處樹陰臺.
白鷗江上飛間或, 季節特殊余亦徊.

장마철 따라서 더위도 오는지,
산천은 어디든 그늘의 돈대라.
갈매기 물위에 간간이 나는데,
계절의 특수라 나역시 어정대.

188. 首爾(서울)公園

首爾樹林動物遊, 自然環境自然儔.
水流橋脚成木造, 最上公園市民留.

서울의 숲에는 동물이 노닐고,
자연의 환경은 자연이 짝하네.
물흐른 교각은 나무로 만들고,
최상의 공원엔 시민들 머무네.

189. 輓李玖公逝去

末代皇孫逝去從, 外家日本患憂功.
晚年生活雖難解, 歷史證人何事窮.

마지막 황손의 서거로 끝나니,
외가인 일본이 걱정한 공치사.
만년의 생활은 어려운 것이나,
역사의 증인이 무엇이 궁했나.

*1931~2005. 7. 16.

190. 夏日卽事

天地天涯同色連, 海空區別不完全.
異常溫度何時續, 熱氣淸凉願必然.

천지의 하늘 끝 동색이 잇닿아,
바다 하늘 구별이 불완전하네.
이상한 온도는 언제까지 잇나,
열기엔 시원함 반드시 원하네.

191. 自然態

濃霧乾坤同染先, 宜當何處不分連.
眼前景色難區別, 日氣依存生自然.

농무는 천지를 염색이 먼저고,
당연히 어디든 어설피 잇닿네.
눈앞에 경색은 구별이 어려워,
날씨에 의존은 자연히 생기네.

192. 文

日月星光世上光, 電燈深夜自然揚.
人爲造成人間力, 經世文章社會梁.

일월과 별빛은 세상의 빛인데,
전등은 심야에 저절로 드날려.
인위로 조성한 인간의 힘인데,
경세의 문장은 사회의 들보라.

193. 鵝

三千世界酒瓶存, 十萬峰巒在我魂.
通達物情多角解, 山陰道士好鵝言.

삼천의 세계에 술병이 있으니,
십만의 봉우리 내혼이 살피네.
통달한 물정의 해석은 다각도,
산음의 도사가 거위를 좋아해.

*山陰道士=王羲之의 別稱

194. 申澈均敎授(1)

楠皐畵筆自然生, 心性象形造化聲.
簡潔豪端明氣韻, 重輕積墨世人驚.

남고의 화필은 자연을 낳는데,
심성의 모양은 조화의 소리라.
간결한 붓끝엔 기운이 분명해,
경중의 적묵에 세인들 놀라네.

*楠皐=申澈均敎授之雅號

195. 四名遊席

仁寺一隅集四名, 談論大概畵論橫.
詩文間或登場有, 人性根源本質程.

인사동 구석에 네명이 모여서,
담론의 대개는 화론을 꿰뚫네.
시문이 간간이 등장을 하지만,
인성의 근원인 본질을 거치네.

*四名=白溪, 楠皐, 木如, 農山.

196. 世事一件

乍晴乍霧又淸明, 天地相連同色驚.
日氣是如生異變, 人間生活正常橫.

개이다 안개로 또다시 청명해,
천지가 이어진 동색에 놀라네.
날씨가 이러니 이변이 생기고,
인간의 생활은 바르게 놓이네.

197. 古刹壁畵(2)

古寺仙人壁畵生, 丹靑美態信心盈.
飛天彩色古今結, 何者衆人極樂聲.

고사에 선인이 벽화를 그리니,
단청의 미태에 믿음이 가득해.
비천의 채색은 고금을 묶는데,
누구든 중인은 극락의 소리라.

198. 賞梅

白雲形變墨淋灕, 自運近禪老畵師.
悔恨內容親見得, 未完花癖不知時.

백운이 변하니 먹빛이 스미고,
자운한 선인은 늙으신 화가라.
회한의 내용을 친견하게 되니,
미완의 꽃 버릇 때를 모르네.

199. 正論追從

六法精論有昔今, 筆端生氣自身臨.
不知或者不遊藝, 萬古無移心裏尋.

육법의 정론이 고금에 있는데,
붓끝의 기운에 자신이 임하네.
모르는 혹자는 예술을 모르니,
만고에 못옮긴 마음을 생각해.

200. 花心

江岸遠聞古寺鐘, 泊舟不動白鷗空.
青堤柳影清風起, 到處畵師妙境窮.

강안에 아득한 고사의 종소리,
멎은배 그대로 갈매기 하늘에.
천제에 버들은 청풍을 일구고,
찾은곳 화가는 묘경에 궁구해.

201. 聽蟬聲

蟬聲搖亂四方喧, 濃霧無遮無影痕.
炎季象徵惟是已, 胸中蒼鬱此如吞.

매미가 요란히 사방이 시끌해,
안개를 못가려 그늘도 없구나.
여름의 상징에 생각을 그치니,
마음에 창울함 이렇게 삼키네.

202. 趙淳

少泉詞伯晚年看, 經濟于先政策刊.
亂世英雄明正答, 爲民家族太平安.

소천 사백을 만년에 보았더니,
경제를 우선한 정책을 펴시네.
난세에 영웅은 정답이 분명해,
백성위한 가족들 크게 평안해.

*少泉=趙淳先生之雅號

203. 何日樹陰暫思

茫茫大海起青濤, 天上白雲飛鳥遭.
日氣不齊霖雨季, 濃陰靜坐弄羊羔.

망망한 대해엔 파도가 이는데,
하늘엔 백운이 나는새 만나네.
날씨가 안좋은 장맛비 계절에,
그늘에 앉아서 양염소 희롱해.

204. 記錄

不休生活筆痕殘, 記錄奄然歷史刊.
一件所行明貴重, 日常情況察無難.

쉼없는 생활속 필흔이 남으니,
기록은 엄연히 역사를 펼치네.
한건의 소행도 분명히 소중해,
일상의 정황을 무난히 살피네.

205. 閑暇夏日

白雲遠去起微風, 柳影枝間群鳥豊.
炎氣漫然涼氣小, 天涯高處毳形窮.

백운은 떠나고 미풍이 일어나,
버들의 가지에 새들이 들어차.
더위가 만연해 서늘함 적으니,
천애의 높은 곳 솜털구름 막네.

206. 歷史根源

歷史恒時事實明, 簡單記錄重要聲.
端初結果有相異, 後世人間現狀驚.

역사는 언제나 사실을 밝히니,
간단한 기록도 중요한 소리라.
단초의 결과는 다름이 있지만,
후세의 인간은 현상에 놀라네.

207. 藝文會展所見(3)

藝術全般集一堂, 燦然形象四方揚.
詩書圖畵含彫刻, 不問東西多樣光.

예술의 전반을 일당에 모으니,
찬연한 형상이 사방에 드날려.
시서와 그림에 조각을 보태니,
동서를 불문코 다양한 빛이라.

208. 避暑

炎氣萬人避暑臨, 江村海岸散人尋.
短期休暇心身樂, 生産增加必是深.

더위로 만인이 피서에 임하려,
강촌과 해안에 흩어져 찾는다.
단기간 휴가로 심신이 즐겁고,
생산의 증가는 반드시 깊게해.

209. 季節歌

古寺濃陰遊客尋, 俗人僧侶一心臨.
淸流樹下換思考, 季節變移過詠吟.

고사의 그늘은 유객이 찾으니,
속인이 승려와 똑같이 임하네.
청류의 수하에 생각을 바꾸면,
계절의 변이를 노래로 지나네.

210. 大廈

千里蟬聲萬樹揚, 江邊幽谷衆人昌.
南韓九道區分市, 大廈樓臺反射光.

천지에 매미는 나무에 드날려,
강변의 유곡엔 사람들 불어나.
남한의 구도와 나눠진 시에는,
아파트 누대에 반사되는 빛이.

211. 江色

早朝每日炎氣增, 江岸青堤舟渡能.
碧水淸波魚影樂, 暫時兩賞自然興.

이른 아침 매일 더위가 더하니,
강안의 청제를 건널 수 있다네.
푸른 물 청파엔 고기가 즐겁고,
잠시 둘을 보니 자연히 흥이 나.

212. 早朝江景

水色連天同色流, 淡雲煙霧不無浮.
乾坤一致自然味, 萬物常時如此儔.

물색은 연천해 같은색 흐르고,
담운은 이내와 아련히 떠있네.
천지가 일치한 자연의 맛이란,
만물은 언제나 이렇게 짝하네.

213. 趙柄賢畵伯之草綠七月畵所見

草綠山河七月明, 閑村情景故鄕聲.
白雲一點天涯遠, 畵筆生煙筆致驚.

초록의 산하는 칠월이 분명해,
한촌의 정경은 고향의 소리라.
흰 구름 한 점이 하늘에 먼데,
화필로 연기라 필치에 놀라네.

214. 海邊一隅

海邊情景白沙場, 淸水靑波熱太陽.
不動破船凶物變, 殘骸放置畵描忙.

해변의 정경인 백사장 일색에,
맑은물 파도에 태양이 뜨겁네.
부동의 파선은 흉물로 변하고,
잔해를 방치한 그림에 바쁘네.

215. 唯遠統一

理念緣由起戰爭, 東西和解武裝傾.
若干誤認難南北, 讓步議論統合聲.

이념의 연유로 전쟁이 일지만,
동서가 화해로 무장이 기우네.
약간의 오인에 남북이 어렵고,
양보의 논의로 통합의 소리가.

216. 政經正體

政治改革始資金, 否定所聞不知禁.
權力淵源生現札, 黎民心境察光陰.

정치의 개혁은 돈으로 시작해,
부정한 소문은 금할줄 모르네.
권력의 연원은 현찰로 생기니,
백성의 심경은 세월만 살피네.

217. 蟬聲

早起蟬聲近處喧, 當然夏李必然言.
四方天地滿炎氣, 幽谷臨溪洗足源.

일찍이 매미는 근처에 시끌해,
당연히 여름날 필연적 말일세.
사방의 천지에 더위가 가득해,
유곡의 개울에 발이나 씻으면.

218. 송추木浦食堂(1)

石澗淸流幽谷遊, 濃陰水上酒床儔.
淸風不到無飛鳥, 衣脫俗人花鬪留.

돌틈에 청류라 유곡에 노닐고,
그늘진 물위에 술자리 짝하네.
청풍이 안불어 비조도 없는데,
옷벗은 속인이 화투로 머무네.

219. 송추木浦食堂(2)

巖上水流洗足遊, 樹陰列坐弄談優.
炎天避暑滿溪谷, 閑老靜中歲月儔.

암상의 물길에 발 씻고 노는데,
그늘에 늘어앉아 농담이 우아해.
더위에 피서로 계곡이 가득해,
노인은 조용히 세월과 짝하네.

220. 송추木浦食堂(4)

到處炎天避暑中, 樹陰家族午眠同.
淸流溪谷滿遊客, 飮酒放歌皆不窮.

어디든 염천에 더위를 피하니,
그늘에 가족들 낮잠은 같다네.
청류의 계곡에 유객이 가득해,
음주에 방가는 모두가 멋대로.

221. 漢京書會1回展所見(2)

漢京書會一堂催, 新舊字形同壁開.
雲集藝人皆感歎, 來年無變盛筵回.

한경의 서회가 일당에 펼치니,
신구의 자형은 같은데 통하네.
운집한 예인들 모두가 감탄해,
내년도 그대로 자리를 채우리.

222. 無題(3)

暫時歲月不無成, 心中在意何事橫.
茂盛樹林蟬別境, 窓前梧葉招秋聲.

잠깐의 세월이 안 되는 게 없고,
마음의 뜻대로 모든 일이 되네.
무성한 숲에는 매미가 별경인데,
창 앞에 오동잎 가을소리 불러.

223. 無題(4)

便利交通手段依, 淸溪幽谷隱炎威.
水流石上洗顔樂, 熱氣夕陽何處歸.

편리한 교통은 수단에 기대고,
청계의 유곡엔 더위가 숨는다.
물흐른 석상은 세안이 즐겁고,
열기는 석양에 어디로 가는지.

224. 看秋

乙酉炎天中伏廻, 每年反復是如來.
淸溪海岸人波滿, 不遠眼前秋季開.

을유년 더운 날 중복이 돌아와,
해마다 반복하여 이렇게 오네.
청계나 해안은 인파가 가득해,
머잖아 눈앞엔 가을이 열리네.

225. 寫意

煙霧雲深天地同, 無容山路鳥飛窮.
騷人執筆自然寫, 要諦俱看意得中.

이내와 구름 짙어 천지가 같아,
모르는 산길에 나는 새 막히네.
시인은 붓 잡고 자연을 그리니,
요체를 갖춰보니 뜻대로 되네.

226. 雲

長松陰下影亭亭, 流水江頭倚仗停.
鴻雁欲來天氣異, 白雲風捲暮山屛.

장송의 그늘은 그림자 우뚝해,
흐르는 강두에 지팡이 의지해.
기러기 오려 해도 날씨가 달라,
구름이 걷히면 산 병풍 저무네.

227. 時節

七月山城遊客儔, 江南炎氣願淸秋.
窓前景色新名句, 樹葉靑靑季節流.

칠월의 산성은 유객이 짝하고,
강남의 더위는 가을을 원하네.
문앞의 경치에 명구가 새롭고,
나뭇잎 푸르니 계절은 흐르네.

228. 畵

雲裏水村雨裏灘, 也誰看者作文難.
不知近處詩人視, 筆墨瞬間畵牧丹.

구름낀 수촌은 빗속에 여울져,
누구든 보는이 작문이 어렵네.
모르는 근처를 시인이 살피니,
필묵은 순간에 모란을 그리네.

229. 虛慾

騷客吟詩世上描, 水流情景筆端謠.
浮雲遠去自然理, 意慾虛心我亦遙.

시인이 시 읊어 세상을 그리니,
수류의 정경은 붓끝이 노래해.
뜬 구름 멀어짐은 자연의 이치,
허황된 욕심에 나 또한 멀고나.

230. 蟬

蟬群曉起早朝喧, 夏季必然別景論.
炎氣四方心氣熱, 微風未到樹梢言

매미 떼 일찍이 아침에 시끌해,
여름철 꼭 히 별경이라 말하네.
더위는 사방에 심기도 더운데,
미풍도 없다고 나무 끝이 말해.

231. 首爾(서울)公園所見

首爾樹林江岸開, 中浪河口一隅催.
往年競馬市民集, 改造公園休息廻.

서울의 숲으로 강둑이 열리니,
중랑천 하구에 한구석 펼치네.
왕년에 경마장 시민이 모이니,
개조한 공원에 쉬면서 돈다네.

232. 炎天閑日

連日乾坤同色留, 四方濃霧底邊儔.
暫時天氣加炎氣, 來往市民誰汗流.

날마다 천지는 같은 색 머물고,
사방은 안개 짙어 바닥만 짝해.
잠시간 날씨는 더위가 더하니,
오가는 시민들 누구든 땀 흘려.

233. 憶東坡先生

東坡生活詠吟怡, 到處恒常絶景詩.
今世何人如此樂, 風流思考羨當時.

동파의 생활은 시읊어 기쁘고,
도처엔 언제나 절경의 시있네.
지금은 누구라 이렇게 즐길까,
풍류를 생각한 그때가 부럽네.

234. 言朋

金杯濁酒飮三杯, 世上萬人諸事催.
筆墨文士生逸士, 好朋同席詠吟開.

금잔에 탁주를 삼배를 마시니,
세상의 만인은 일들을 펼치네.
필묵의 문사에 선비가 생기니,
친구가 동석해 시판이 열리네.

235. 醫員

生老當然病死連, 健康平素守于先.
早期診察除危險, 快適日常過穩全.

생로는 당연히 병사로 잇닿고,
건강은 평소에 맨먼저 지켜야.
조기의 진찰은 위험을 제하니,
쾌적한 일상을 온전히 보내세.

236. 南山淸潔(1)

自然環境遂回生, 幽谷鼇群石澗橫.
勞力不休還本是, 南山淸淨日常程.

자연의 환경은 회생에 이르니,
유곡의 자라들 돌틈에 다니네.
노력을 계속해 본시로 도는데,
남산의 맑음은 일상의 법이라.

237. 輓啓功先生靈前

人生百歲何人難, 九十三年千古安.
詩畵散文明史學, 啓功詞伯終不看.

인생의 백세는 누구든 어려워,
아흔에 삼년 더 영원히 편안해.
시화에 산문과 사학에 밝으니,
계공선생 이제는 끝내 못 보네.

238. 涷雨

炎天涷雨比淸凉, 大地諸生必然昌.
夏季垂楊簾草影, 微風加勢氣分良.

더위에 소나기 청량에 비하니,
대지의 생물은 반드시 번창해.
여름철 수양은 풀그늘 발인데,
미풍이 가세해 기분이 좋다네.

239. 虛(2)

何人脩竹早朝看, 涼露如珠結葉端.
興趣虛心生感動, 風流逸士必書刊.

그누가 수죽을 아침에 봤는가,
이슬은 구슬로 잎끝에 맺혔네.
멋없는 허심에 감동이 생기니,
풍류의 선비는 반드시 적으리.

240. 修身態度

涷雨炎天涼氣移, 萬波世事順然怡.
修身方法成如此, 環境符應態度期.

소나기 더위에 서늘함 옮기니,
어질한 세상사 순하니 기쁘네.
수신의 방법을 이렇게 이루니,
환경에 부응한 태도를 기하리.

241. 6001首

六千一首漢詩中, 何事內容近似風.
時代展開情況見, 文章轉換必然通.

육천에 한수가 한시로 자리해,
어떠한 내용도 근사할 뿐일세.
시대를 펼치는 정황을 본다면,
문장은 굴러도 반드시 통하리.

242. 憶淵翁李家源先生

淵翁七十學緣昌, 多樣文章後進長.
新舊漢韓皆不問, 永存痕迹尙今揚.

연옹은 칠십년 학연이 창성해,
다양한 문장은 후진을 늘이네.
신구의 한한은 모두를 아는데,
영존의 흔적은 지금도 드날려.

243. 精氣

胸中成竹板橋言, 古代何人同一根.
全體不知無筆墨, 豪端言語自生魂.

마음에 성죽은 판교의 말인데,
고대엔 누구든 똑같은 뿌릴세.
전체를 모르면 필묵이 없으니,
붓끝의 언어는 자생의 혼일세.

*板橋=淸朝鄭燮之雅號

244. 思東坡言

黠鼠只今到處橫, 東坡戒言經驗聲.
人間驕氣敎如此, 學問也誰期必驚.

약은쥐 지금도 도처에 오가니,
동파의 가르침 경험의 소릴세.
인간의 교만을 이렇게 가르쳐,
학문엔 누구든 반드시 놀라네.

245. 雨

雨中來往列車良, 水滴空間斜線光.
炎氣宜當明制御, 必然乘客自然忘.

빗속에 오가는 열차가 좋은데,
물방울 공간에 사선이 빛나네.
더위는 마땅히 분명히 제어해,
필연코 승객은 자연히 잊으리.

246. 三蘇

東坡兄弟尚相尊, 文裏常存含意論.
歷史證明名士列, 三蘇一處在靈魂.

동파의 형제는 언제나 상존해,
글속에 담겨진 함의를 말하네.
역사가 증명한 명사로 줄지워,
삼소는 한곳에 혼백이 있다네.

*三蘇=蘇洵 · 蘇軾 · 蘇轍의 三父子

247. 野松美術館

自然描寫筆端窮, 幽谷象形仙境同.
淡彩煙雲山水繞, 野松畵品掛靑松.

자연의 묘사는 붓끝이 궁하고,
유곡의 상형은 선경과 같다네.
담채의 연운이 산수를 휘감고,
야송의 화품은 청송에 걸렸네.

*野松=李元佐畵伯의 雅號
*미술관=청송군 진보면 소재

248. 待仙

竹裏淸風竹外琴, 風聲不斷少塵禁.
乾坤如此演多樣, 何事仙人我不尋.

대숲의 청풍은 대밖에 거문고,
바람은 그대로 티끌도 금하네.
천지가 이렇게 통함이 다양해,
어이해 신선은 나를 찾지 않나.

249. 竹(2)

一枝脩竹向天空, 累葉壯容淸氣同.
莫謂分居兄弟宅, 百年歲月好相通.

한 가닥 수죽은 하늘을 향하고,
많은 잎 모양 맑은 기 한 가지.
말마라 분거한 형제의 집에는,
백년의 세월이 상통해 좋구나.

250. 古典

電子依支好日常, 精神生活尙無香.
抒情機械不思考, 古典必然存瑞光.

전자에 의지해 일상이 좋으나,
정신적 생활은 오히려 멋없어.
서정의 형틀은 생각이 없는데,
고전엔 반드시 서광이 있다네.

251. 正書

書法備於生正書, 理論實像調和如.
東坡尊重此言敎, 行草當然必是狙.

서법의 갖춤은 정서에 생기고,
이론의 실상은 조화와 같다네.
동파를 존중한 이말의 교훈은,
행초는 당연히 반드시 겨눌것.

252. 文

萬年宜當可換詩, 自然主義語何時.
風騷之意東坡句, 才士文人也孰怡.

만년에 마땅히 시로서 바뀌니,
자연의 주의는 언제든 말하네.
풍소의 뜻이란 동파의 말인데,
재사인 문인들 누구든 기뻐해.

253. 悅話第20號

眞城李氏大宗會, 悅話復刊輝眼前.
家勢事情知記錄, 何門如此本因緣.

진성이씨의 대종회에서는,
열화를 복간해 눈앞에 빛나네.
가세의 사정은 기록이 아는데,
누구네 이처럼 인연을 본 삼나.

*眞城李氏大宗會發刊 2005年版

254. 處身

一生行路眼前開, 痕迹依支思考催.
萬事心中明左右, 日常嚴重不迎災.

일생의 행로는 눈앞에 열리니,
흔적에 의지해 생각을 펼치네.
만사는 마음과 좌우에 밝히고,
일상에 엄하면 재앙이 없으리.

255. 濟州自治投票所見

特別自治始濟州, 地方行政最新流.
住民投票改權限, 反對意中滿念頭.

특별한 자치로 제주를 다스려,
지방의 행정이 최신식 흐르네.
주민의 투표로 권한이 바뀌면,
반대한 생각도 염두에 가득해.

256. 不法盜聽有感

不法盜聽招國難, 最高情報是如嘆.
政治混亂終無視, 公務公人退出安.

불법의 도청은 국난을 부르고,
최고의 정보를 이렇게 탄하네.
정치의 혼란은 끝끝내 무시해,
공무원 공인을 쫓으면 편안해.

257. 相尊

春夏秋色理自然, 人生萬事個人緣.
愛憎發露定心氣, 相互尊崇何者全.

사계절 색깔은 자연의 이치고,
인생 만사는 개인적 인연이라.
애증의 발로는 마음이 정하니,
서로의 존숭이 누구든 온전해.

258. 何日卽事

蟬鳴喧處樹陰濃, 避暑炎天何者同.
海岸江邊遊客向, 深山幽谷我尋窮.

매미가 우는 곳 그늘은 짙은데,
피서의 염천은 누구든 같구나.
해안과 강변엔 유객이 향하니,
깊은 산 유곡은 내가 찾으려네.

259. 藝術精神

書畵詩文同伴儔, 藝人如此自身遊.
東洋筆墨西洋異, 思考象形一處留.

서화와 시문은 서로가 짝하니,
예인은 이렇게 자신이 노니네.
동양의 필묵은 서양과 다르니,
생각의 모양은 한곳에 머무네.

260. 八月夕陽

日照夕陽潛水深, 江流紅艶向西尋.
昊天半月光珠露, 八月樹陰仙客臨.

해비친 석양은 물속에 잠기고,
흐르는 붉은색 서쪽을 향하네.
하늘에 반달은 구슬로 빛나니,
팔월의 그늘엔 신선이 임하네.

261. 炎天順應

炎氣無風高太陽, 蟬聲喧處熱昇昌.
暫時涷雨淸心體, 季節順應萬事忙.

더위는 무풍에 태양만 높은데,
매미가 우는 곳 더위는 더하네.
잠시 내린 소나기 심신이 서늘해,
계절의 순응에 만사가 바쁘네.

262. 自然屛

山光藍色水流靑, 江岸長堤我暫停.
煙霧同時遮四面, 白雲遠去自然屛.

산 빛은 남색 흐른 물 푸른데,
강안 긴 둑에 내 잠시 머무네.
연무가 동시에 사면을 가리니,
백운은 멀어도 자연의 병풍을.

263. 人情

屈原心境比滄浪, 洗足洗顏水色揚.
世事宜當如意不, 人情心性必然光.

굴원의 심경을 창랑에 비하며,
발과 얼굴 씻자 물색은 드날려.
세상사 마땅히 뜻처럼 안 되나,
인정의 심성은 반드시 빛나리.

264. 早朝鮮露

珠露早朝葉上淸, 日光反射潔明驚.
濃陰鳥語增幽趣, 是卽仙人心外情.

이슬은 조조에 잎 위에 맑은데,
햇살의 반사로 깨끗함에 놀라네.
그늘의 새소리 그윽함을 더하니,
이것이 신선의 마음 밖 정일세.

265. 聽書藝포럼解明

於上水流理致明, 熟而落果自然聲.
也誰未學讀書卷, 否認容姿無用評.

물은 위에서 흐르는 이치인데,
다 익은 낙과는 자연의 소리라.
누구든 모르면 서권을 읽어야,
부정의 모습은 무용의 평일세.

266. 思考

文豪態度有謙虛, 哲學展開人性舒.
萬事何如生順理, 筆痕思考象形書.

문호의 태도는 겸허에 있으니,
철학의 전개로 인성을 펼치네.
만사가 어이해 순리를 낳는가,
필흔의 생각은 상형을 쓴다네.

267. 憶南海(1)

南海多峰覆紫霞, 彩雲廣繞是仙家.
日斜棹客遂歸港, 水面舟浮皆作花.

남해의 봉우리 붉은 놀 뒤덮고,
채운이 두르니 이것이 선가라.
해비껴 사공은 드디어 귀항해,
물위에 뜬배는 모두가 꽃일세.

268. 憶南海(2)

象形巖上聳孤松, 歲月不知海霧濃.
南域金剛明有別, 仙人常住石層容.

코끼리 바위에 소나무 솟으니.
세월은 몰라도 해무는 짙구나.
남쪽의 금강은 별스레 밝은데,
신선이 상주한 돌층계 몸가짐.

269. 士心

逸士恒心不變源, 知行合一實名言.
也誰尊敬雅姿勢, 靑竹紅梅如雪村.

선비의 항심은 근원이 같은데,
지행의 합일로 실명을 말하네.
누구든 존경한 자세가 우아해,
청죽과 홍매가 눈마을 같구나.

270. 相異

開花槿域花猶落, 白鶴舊巢鶴未還.
世上是如相反起, 君航大海我休山.

꽃피는 근역은 꽃으로 수습해,
백학의 옛집에 학은 아직 일세.
세상이 이렇듯 상반이 일어나,
그대는 대해에 나는 산에 쉬네.

*休靜禪師詩 次韻(1)

271. 看南山

賞松數次到南山, 翠葉青粧不變頑.
間或看花遊客至, 周邊風景必然還.

솔보러 수차례 남산에 이르니,
푸른잎 푸르게 그대로 고집해.
간간이 꽃보러 유객이 이르고,
주변의 풍경은 반드시 돌아와.

272. 霞

春來景色必俱霞, 水裏遊魚遂染花.
不想世人神妙異, 惟思地覆考紅沙.

봄날의 경색은 노을도 갖추고,
물속에 노는 고기 붉게 물드네.
모르는 사람들 신묘한 다름에,
오로지 땅 덮은 홍사만 생각해.

273. 淸潭洞江岸

漢江水色妙無邊, 鴻雁白鷗上下連.
千里長流明月夜, 靑堤柳影片舟緣.

한강의 물색은 끝없이 묘하고,
기러기 갈매기 위아래 잇고나.
천리를 흐르니 명월은 밤이라,
청제의 버들은 쪽배와 인연해.

274. 南山

南山高塔鳥飛歌, 松柏繞煙白霧波.
古木樹間炎氣老, 微風殘磬四方多.

남산의 높은 탑 새날며 노래해,
송백에 두른 이내 안개의 파도라.
고목의 수간엔 더위가 지는데,
미풍에 풍경남아 사방에 많구나.

275. 無聊

看山何必待秋暗, 雨後乾坤分外明.
間或煙中詩想出, 桃花流水不知行.

산보며 하필 가을밤을 기다려,
비온 뒤 천지는 분외로 밝구나.
간간이 연중에 시상이 떠올라,
도화는 유수를 모르고 간다네.

276. 氣韻

七月山川雨後收, 一聲飛鳥換淸秋.
窓前句得新詩覓, 樹葉微風氣勢流.

칠월의 산천은 비온 뒤 거두고,
울면서 나는 새 가을로 바뀌네.
창전에 말 구해 신시를 찾는데,
나뭇잎 미풍에 기세가 흐르네.

277. 過程

未來開拓事人生, 無數難關左右橫.
挫折依然其選定, 該當遊客自身程.

미래를 개척한 인생의 일이라,
무수한 난관은 좌우에 깔렸네.
좌절은 의연히 그것을 정하고,
해당된 유객은 자신의 길이라.

278. 聽初步

何者作詩初步言, 文中喜悅內容論.
無痕騷客雲遮月, 吐露展開形態吞.

누구든 작시는 초보라 말하나,
글속에 희열은 내용을 논하네.
자취 없는 소객은 달 가린 구름,
토로해 펼쳐낸 형태를 감추네.

279. 所聞

東坡何日作詩文, 雲裏月明如畵云.
思考自然書萬事, 只今世上不無聞.

동파가 어느날 시문을 짓는데,
구름뒤 밝은달 여화라 말했네.
생각은 자연히 만사를 쓰는데,
지금의 세상은 듣든지 말든지.

280. 炎天(1)

春去忽然不賦詩, 來賓必是酒筵知.
池中蓮滿留魚子, 樹下濃陰遊者怡.

봄 가면 갑자기 시부가 안 되니,
오는 손은 반드시 술자리 안다네.
못 안에 연이 차 고기가 머무니,
수하의 그늘은 유객이 기뻐하네.

281. 熱帶夜

內外疊山翠色連, 草間流水潔音先.
枝翻楊柳自簾碧, 遊客一群夜不眠.

안팎의 첩 산은 푸르게 잇닿고,
풀 사이 유수는 맑은 음 먼저라.
가지 펄럭 양류는 주렴도 푸른데,
유객의 무리는 밤이 되도 안자네.

282. 於病院(1)

生命尊嚴得病知, 日常有意健康期.
隨時檢診不休念, 快適人生圓滑怡.

생명의 존엄은 병얻고 아는가,
일상을 유의해 건강을 기하세.
수시로 검진의 생각을 하면서,
쾌적한 인생의 원활로 기쁘네.

*2005. 8. 6.(順天鄉大學病院)

283. 於病院(2)

漢南洞里順天鄉, 生命維持照瑞光.
醫術先頭人性起, 也誰患者待希望.

한남동에 위치한 순천향 병원,
생명의 유지로 서광이 비치네.
의술의 선두에 인성이 일어나,
누구든 환자는 희망을 기다려.

284. 盜聽有感(1)

不法盜聽政府行, 機關血稅放流明.
國民驚愕怒難局, 特檢問題解決聲.

불법의 도청은 정부가 행하고,
기관은 혈세를 분명히 흘리네.
국민이 놀라서 난국에 노하니,
특검이 문제의 해결을 말하네.

285. 凍雨

凍雨炎天止一時, 黎民心氣暫涼知.
乍晴雲捲笑顔樂, 混濁政治卽暗期.

소나기 더위를 잠깐씩 멈추니,
백성들 심기도 서늘함 안다네.
잠깐 갠 구름 걷자 웃고 즐겨,
혼탁한 정치는 어둠을 만나네.

286. 降雨現狀

豪雨淸凉降盡天, 四方全國暫時連.
部分水害生災害, 日氣自然好惡筵.

호우에 시원함 온종일 내리니,
사방은 온나라 갑자기 잇닿네.
부분적 수해로 재해가 생기니,
날씨는 자연히 호악의 자리라.

287. 盜聽有感(2)

不法鑑聽發病同, 根源索出政治窮.
問題本質在權力, 情報維持研究中.

불법의 감청은 발병과 같으니,
근원을 찾으려 정치는 궁하네.
문제의 본질은 권력에 있는데,
정보의 유지위해 연구 중일세.

288. 韓·日蹴球有感

韓日蹴球拙戰終, 大邱零敗恥心同.
內容分析當良好, 結果國民不滿充.

한일의 축구는 졸전을 마쳤고,
대구의 영패로 함께 부끄럽네.
내용의 분석은 당연히 양호해,
결과는 국민의 불만을 채우네.

*2005. 8. 7. 大邱戰에서 1:0 敗

289. 아시아나操縱士 罷業有感

勞使鬪爭發展爲, 個人利益不要期.
事情懸案充分討, 經濟中心重點知.

노사의 투쟁은 발전을 위하고,
개인의 이익을 세우지 말아야.
사정의 현안을 충분히 토의해,
경제적 중심에 중점을 알아야.

290. 六者會談北側態度

六者會談休會連, 北韓固執問題全.
平和存續前提事, 自國立場强力傳.

육자의 회담은 휴회로 이어져,
북한의 고집이 전체의 문제라.
평화의 존속을 전제한 일인데,
자국의 입장만 강력히 전하네.

*2005. 8. 7. 休會

291. 雨氣灰天

天地灰天同色流, 江邊楊柳畫舟浮.
自然生態是如演, 生命延長關係優.

천지가 흐리니 같은색 흐르고,
강변의 버들은 그림배 띄우네.
자연의 생태는 이러한 연출로,
생명의 연장은 관계가 우아해.

292. 於病院(3)

憂患宜當健康知, 平常不斷索源期.
死生決定定何者, 醫療機關補助基.

환자는 마땅히 건강을 아는데,
평상시 언제나 찾기를 기하네.
사생의 결정은 그 누가 정하나,
의료 기관에선 도와줄 뿐일세.

293. 日本議會解散有感

日本政治先進形, 國民多數不知醒.
衆參兩院構圖裏, 議會依然解散停.

일본의 정치는 선진의 형탠데,
국민의 다수는 깨닫지 못하네.
중참의 양원제 구도의 속에서,
의회는 의연히 해산을 정하네.

*郵政局民營化案否決

294. 於病院(4)

希望何處自然揚, 生命保全明瑞光.
醫學先頭先進起, 南山下麓順天鄕.

희망은 어디든 자연히 드날려,
생명의 보전에 서광이 밝다네.
의학의 선두로 선진에 내닫는,
남산의 밑자락 순천향 병원이.

295. 於病院(5)

白雲片片散天涯, 山上照光生氣開.
生命是如生後熟, 乍晴乍雨自然回.

백운의 조각들 천애에 흩어져,
산상에 햇살이 생기를 여느냐.
생명은 이처럼 생후에 익으니,
개었다 비 옴은 자연의 돌림.

296. 憶武夷九曲景致

山水調和絶妙言, 紫陽書院象徵根.
閑流九曲景多樣, 曬布巨巖修竹門.

산수의 조화를 절묘라 말하고,
자양서원에는 상징의 뿌리가.
한가한 구곡의 다양한 경치에,
서포 큰 바위 수죽의 문일세.

297. 紙幣印章交替所感(1)

紙幣印章遂換之, 日人劃策只今知.
圓形廢棄方形定, 民族象徵傳統爲.

지폐의 인장을 드디어 바꾸니,
일본의 획책을 지금에 알았네.
원형의 폐기에 방형을 정하니,
민족의 상징과 전통을 위하네.

*2005. 8. 9.(試案提出者所見)

298. 紙幣印章交替所感(2)

字法根源用不知, 圓形圖案方形期.
日人策略日章本, 四角定之改革怡.

자법의 근원과 행함을 모르고,
원형의 도안을 모나게 정하네.
일인의 책략은 일장의 뿌리라,
사각의 정함과 개혁이 기쁘네.

299. 於病院(6)

知人退院入他人, 病室常時滿室眞.
憂患何由何處也, 宜當快癒得生新.

아는이 나가면 타인이 들어와,
병원은 언제나 그대로 가득차.
우환의 이유는 어디든 있는데,
마땅히 쾌유로 새삶을 얻어야.

300. 詩文生活

昔時李杜弄詩文, 多樣心中筆墨言.
現代騷人思考除, 不知原則不知論.

옛날의 이두는 시문을 희롱해,
다양한 마음을 필묵이 말하네.
현대의 시인은 생각이 느려서,
원칙도 모르고 이치도 모르네.

*李杜=李白·杜甫

301. 作詩過六千首

紫霞詞伯四千餘, 八道朝鮮無二書.
牧隱大師加半萬, 六千一百只今狙.

신자하 사백이 사천여 수 지어,
팔도의 조선에 둘 없는 글일세.
목은대사가 오천여 수를 넘기니,
육천에 일백을 지금도 노리네.

302. 自然

遠山直線外形看, 現地到之屈曲端.
樹影陰濃休息可, 江邊楊柳動平安.

먼 산은 직선의 모양은 보이나,
현지에 이르면 굴곡의 끝일세.
나무그늘 짙으면 휴식이 되니,
강변의 버들도 편안히 움직여.

303. 海兵一千期修了

海兵教育一千期, 八月初旬排出怡.
神話作成傳統力, 萬邦不變賀詞爲.

해병대 교육대 일천기 맞으니,
팔월의 초순에 배출이 기쁘네.
신화를 만드는 전통의 힘으로,
만방은 그대로 하례를 베푸네.

*2005. 8. 5. 海兵1000期修了日

304. 夏季水難

避暑災難起每年, 江邊海岸死人連.
無知水害生全國, 注意精神不足緣.

피서로 재난은 해마다 일어나,
강변과 해안엔 죽는이 잇달네.
모르는 수해는 전국에 생기니,
주의의 정신이 부족한 연인가.

305. 日本小泉總理失策

日本自民聯政無, 黨論咸集失明垂.
國民意志終無視, 議會精神解散娛.

일본의 자민당 없어진 연정에,
당론의 모음은 실명만 드리워.
국민의 의지를 끝끝내 무시한,
의회의 정신은 해산을 즐기네.

*郵政局民營化案否決

306. 文化自存

人間生活必須言, 歷史構成出入門.
文化中心東北亞, 白衣民族最高根.

인간의 생활은 언어가 필수라,
역사의 구성은 출입의 문일세.
문화의 중심인 동북아 에서는,
백의의 민족이 최고의 뿌릴세.

307. 火災注意

連日火災財産無, 通常注意不忘謀.
暫時疎忽呼難事, 社會維持障碍須.

연이은 화재에 재산이 없는데,
언제나 주의를 꾀함이 없구나.
잠시간 소홀에 난사를 부르니,
사회의 유지엔 장애가 기다려.

308. 필-하모니(1)

簡略筆痕成自然, 日常思考象形連.
心中絶制省多樣, 墨客吾玄言語筵.

간략한 필흔에 자연을 이루고,
일상의 생각이 상형에 잇닿네.
마음에 절제는 생략이 다양해,
묵객인 오현이 언어의 자리를.

*以形아트센터 2005. 8. 10.~16.
*吾玄=元恩敬之雅號

309. 필-하모니(3)

一筆毫痕畵自身, 造形言語必然眞.
魚蘭淡影起思考, 友石構成表現親.

일필의 호흔이 자신을 그리니,
조형의 언어엔 필연적 진실이.
어란의 그림자 생각을 일으켜,
우석의 구성은 표현과 친하네.

*友石=朱時亙之雅號

310. 病魔相爭

病魔相戰古今同, 終局人間勝利窮.
多樣原因多發起, 醫師技術對應中.

병마와 싸움은 고금이 같은데,
종국엔 인간의 승리로 끝나네.
다양한 원인이 다발로 일어나,
의사의 기술로 대응한 중일세.

311. 好藝

詩書刻畵務兼修, 紙面新鮮生命遊.
一筆揮之娛樂見, 彬彬文質是如優.

시서와 각서의 겸수에 힘쓰니,
지면에 신선한 생명의 놀이가.
한필로 갈겨댄 오락이 보이니,
문질이 빈빈함 이렇게 우아해.

312. 歲月順應

乍晴乍雨自然生, 憂患時期適切橫.
順理順應原則語, 間間別味樂之聲.

개었다 비오는 자연의 생태듯,
우환의 시기도 적절히 꿰뚫네.
순리에 순응은 원칙을 말하고,
간간이 별미로 즐거운 소리가.

313. 憶金井山頂

金井山城淸水生, 周邊巖壁石屛橫.
白雲樹上浮閑暇, 港口釜山峰下驚.

금정산 산성엔 맑은물 나는데,
주변의 암벽은 돌병풍 둘렀네.
백운은 나무위 한가히 떠있고,
항구인 부산이 봉아래 놀랍네.

314. 憶釜山港(1)

太宗臺上集多人, 絶壁奇巖釣士親.
獨坐書生描寫實, 大洋點點片舟珍.

태종대 위에는 사람들 모이고,
절벽의 기암엔 낚시꾼 친하네.
독좌한 서생이 실상을 그리자,
대양엔 점점이 조각배 진귀해.

315. 憶釜山港(2)

五六島巖浮眼前, 白鷗海上舞飛連.
淸濤間或靑波起, 孤獨燈臺航路先.

오륙도 바위가 눈앞에 떠있고,
갈매기 해상에 춤추며 잇닿네.
파도는 간간이 푸르게 이는데,
고독한 등대가 항로의 앞일세.

316. 東海釜山

長沙大廈倒長陰, 大海天涯船舶臨.
來往片舟帆影沒, 淸波白色白鷗尋.

모래밭 빌딩의 그늘은 거꾸로,
대해의 하늘끝 선박이 있구나.
오가는 쪽배는 돛그늘 잠기나,
청파의 흰빛은 갈매기 생각해.

317. 釜山松島

松島巖間冬栢花, 路邊修竹覆煙霞.
樹林靑色和靑海, 奇異山形遊客遐.

송도의 바위엔 동백이 꽃피고,
노변의 수죽은 연하가 뒤덮네.
수림의 청색은 청해와 어울려,
기이한 산모양 유객이 멀다네.

318. 壁

巨濟一隅客舍遊, 金剛山域水中浮.
象形巖壁千年樹, 海上公園眞髓儔.

거제의 한구석 객사에 노는데,
금강산 구역이 물속에 떠있네.
코끼리 암벽엔 천년의 나무가,
해상의 공원엔 그대로 짝이라.

319. 憶巨濟南域(1)

自然生態自然生, 南域花園水國橫.
巖上孤松明半月, 人間演出棹歌聽.

자연의 생태는 자연이 낳는데,
남쪽의 화원은 물나라에 놓여.
암상의 고송엔 반달이 밝은데,
인간이 연출한 도가만 들리네.

320. 憶晉州

晉陽湖畔戀人多, 水面白波倒影佳.
兩集川流三百里, 南江論介義巖加.

진양의 호반엔 연인이 많은데,
수면의 백파엔 도영이 곱구나.
합쳐진 강물은 삼백리 라는데,
남강엔 논개가 의암을 더하네.

321. 憶矗石樓

矗石樓前晉州魂, 壬辰癸巳在戰痕.
山城陷落住民歿, 七萬義塚無變言.

촉석루 앞에는 진주의 혼이라,
임진년 계사년 전흔이 남았네.
산성의 함락에 주민도 죽으니,
칠만의 의총이 그대로 말하네.

322. 南北畵像對話(1)

科學依支南北間, 相逢方法電波間.
祖孫畵像暫時對, 漸進眼前直接間.

과학에 의지한 남북의 사이는,
상봉의 방법이 전파의 틈있어.
조손의 그림이 잠깐씩 대하나,
점차로 눈앞에 곧바로 들이네.

323. 韓總聯赦免有感

歲月變移環境新, 法違犯罪寬容親.
反共旗幟遂無色, 歷史何如是記辛.

세월이 변하여 새로운 환경이,
법어긴 범죄가 관용에 친하네.
반공의 기치가 드디어 무색해,
역사는 어떻게 힘들여 적을까.

324. 相生

萬事于先統一先, 政爭消日政治連.
國民辛苦收容解, 歷史罪人免罪緣.

만사의 우선은 통일이 먼저인데,
정쟁의 소일로 정치가 잇따르네.
국민의 괴로움 풀어서 수용해,
역사의 죄인들 면죄한 인연이.

325. 行政

爲民政策定何如, 辛苦無知事實餘.
利害以前原則守, 國家發展不然舒.

위민의 정책이 어떻게 정하나,
괴로움 모르면 사실이 남겠지.
이해의 이전에 원칙을 지켜야,
국가의 발전에 그렇게 펼치지.

326. 世上無不詩

詩語何如留緖情, 人間生活最多橫.
日常狀況文章起, 世上當然詩語盈.

시어는 어이해 서정에 머무나,
인간의 생활이 많이들 꿰뚫네.
일상의 상황에 문장이 일어나,
세상은 당연히 시어로 넘치네.

327. 南北畵像對話(2)

畵像相逢行最初, 黎民辛苦部分餘.
現場同席一層好, 科學依支多少書.

화상의 만남을 최초로 행하니,
백성들 괴로움 부분만 남았네.
현장에 동석이 더한층 좋으나,
과학에 기대어 약간은 기록해.

328. 獨島橫斷水泳

獨島問題韓日緣, 個人水泳我邦先.
意圖本質懲倭賊, 爲國象徵趙五連.

독도의 문제는 한일의 관계나,
개인의 수영은 우리가 먼절세.
의도의 본질은 왜적을 혼내니,
위국의 상징인 조오련 삼부자.

*2005. 8. 13(趙五連氏 三父子의 獨島橫斷水泳實行)

329. 乙酉末伏

立秋末伏續蟬鳴, 朝夕淸涼鮮氣橫.
季節循環今昔一, 閑流洌水靜西程.

입추인 말복에 매미가 울어도,
조석은 시원해 선기가 놀이네.
계절의 순환은 금석이 하나라,
한류의 한강은 조용히 서향에.

330. 寫竹

畵家寫竹碧松豊, 筆墨精神何者同.
思考從時無限展, 三竿淸直暮煙中.

화가는 사죽과 벽송이 풍부해,
필묵의 정신은 누구나 같다네.
생각에 따르면 무한히 펼치고,
삼간의 청직은 모연에 싸이네.

331. 願蘇軾同遊

千載英雄地下休, 天空明月照江流.
筆端常起只今恨, 夢裏蘇家赤壁遊.

천년의 영웅이 지하에 쉬는데,
하늘에 밝은달 강물을 비추네.
붓끝이 일어나 지금도 한하니,
꿈에서 소가와 적벽에 노닐까.

332. 休

閑流洌水片舟遊, 一去漁郎終不儔.
想得耕田何者事, 依然淳朴靜中休.

한류의 한강엔 쪽배가 노닐고,
한번간 어랑은 짝되지 못하네.
생각의 밭갈이 누구의 일인가,
의연히 순박해 조용히 쉰다네.

333. 憶西湖畔西泠印社

西湖水面片舟通, 柳影兩堤相接同.
處處遊人無獨往, 西泠印社尙高逢.

서호의 수면엔 쪽배가 통하고,
유영의 양둑엔 서로가 만나네.
곳곳에 유인들 혼자는 없는데,
서령의 인사가 오히려 높다네.

334. 畵中

筆下江山自忽成, 奇峰未盡異峰生.
也誰如此過人問, 山廓水村反幾程.

필하의 강산은 저절로 이루고,
기봉의 미진은 이상봉 생기네.
누구든 이러한 과인을 물으면,
산곽의 수촌을 뒤집을 낌새라.

335. 願和合

千里漢江何者淚, 億年無變只今流.
元來洌水自然態, 民族和風此處留.

천리의 한강은 누구의 눈물로,
억년을 그대로 지금도 흐르네.
본디의 한강은 자연의 모양새,
민족의 화풍이 이곳에 머무네.

336. 考秋

老蟬末伏不休鳴, 樹下濃陰涼氣橫.
不遠江山黃色變, 丹楓換染碧天晴.

잔매미 말복에 계속해 우는데,
나무밑 그늘엔 서늘함 지나네.
머잖아 강산은 노랗게 변하니,
단풍의 염색도 벽천은 맑구나.

337. 獨島意見(3)

韓日分明不善隣, 恒時國土互爭因.
不忘過去遺痕迹, 倭寇黑心無變辛.

한일은 분명히 선린이 아닌가,
언제나 국토로 다툼이 있구나.
불망의 과거사 흔적이 남았고,
왜구의 흑심은 그대로 힘드네.

338. 서울비엔날레 僞作所見

世界雙年書藝展, 大儒僞作萬人驚.
暫間失手殘留錄, 無恥行爲反省聲.

세계가 격년의 서예를 펼치니,
큰선비 위작에 만인이 놀라네.
잠깐의 실수가 흔적이 적히면,
당당한 행위에 반성의 소리가.

339. 畵家思考

瞑想何人畵像描, 筆端紙面墨痕消.
心中形態見淡彩, 眞實內容身近遙.

명상은 누구나 그림을 그리고,
붓끝은 지면의 묵흔에 빠지네.
마음의 형태를 담채로 보이나,
진실한 내용은 멀고도 가깝네.

340. 晩夏何日

天涯飛鶴白雲端, 槿域江山雙眼看.
不遠秋聲明月下, 何人能得詠吟閑.

하늘끝 비학은 백운의 끝인데,
근역의 강산은 두눈에 보이네.
머잖아 가을엔 밝은달 아래라,
누구든 잘하면 시읊기 한가해.

341. 肇秋豫感

萬里江山覆白雲, 天涯山遠肇秋聞.
雙飛野鶴舞如散, 洌水遊鳧游泳紋.

만 리 강산을 흰 구름 뒤덮고,
하늘 끝 먼 산에 조추가 들리네.
두 마리 야학이 춤추듯 흩어져,
한강에 노는 오리 유영의 무늬.

342. 奉恩寺板殿

江南一處奉恩寺, 秋史先生最晚留.
板殿筆痕書額掛, 廈林四繞古今儔.

강남의 한곳에 봉은사 있는데,
김추사 선생이 만년에 머문곳.
판전의 필흔인 액자가 걸렸고,
빌딩이 감싸니 고금이 짝하네.

343. 難作詩

作詩難事古今同, 對象文題韻律窮.
筆寫充分無本意, 簡單表現究求中.

작시의 어려움 고금이 같은데,
대상의 글제와 운율로 끝내네.
필사는 충분히 분의가 없으나,
간단한 표현 연구하는 중일세.

344. 南北蹴球所見(1)

六十周年光復年, 上巖競技熱爭連.
始終最善演和合, 南側得三勝利筵.

육십 주년이던가 광복된 해가,
상암의 경기장 뜨겁게 다투네.
끝까지 최선과 화합의 연출이,
남측의 삼 점이 승리의 자리라.

345. 南北蹴球所見(2)

統一蹴球南側勝, 調和競技熱狂場.
雙方選手最高手, 親善分明觀衆忙.

통일의 축구는 남측이 이겼고,
조화의 경기는 열광의 자리라.
쌍방의 선수는 최고수 들인데,
친선이 분명해 관중도 바쁘네.

346. 雪嶽

雪嶽高峰淡繞煙, 關東別景眼前連.
崇山峻嶺白雲集, 是卽棉花開碧山.

설악의 고봉은 이내가 감싸고,
관동의 별경은 안전에 잇닿네.
높은산 준령엔 백운이 모이나,
이것이 면화로 푸른산 연다네.

347. 南北畵像相逢所見

畵像相逢光復日, 不知歲月覺人間.
胸中記憶鮮明動, 振語兩方恨淚頑.

화상의 상봉은 광복의 날인데,
세월은 모르나 인간이 깨달아.
마음의 기억은 선명히 움직여,
떨린말 양쪽은 눈물을 흘리네.

348. 念願統一

太陽過去只今光, 歷史如何事不忘.
思想相爭相互厭, 白衣民族合邦忙.

태양은 과거나 지금도 빛나니,
역사는 어떻게 그 일을 잊겠나.
사상의 다툼은 서로가 싫으니,
백의의 민족은 합방이 바쁘네.

349. 光復節短見

民族光明回復天, 太陽無變只今鮮.
當時慘酷已忘事, 歷史不言仔細連.

민족의 광명을 회복한 날이나,
태양은 그대로 지금도 선명해.
당시의 참혹함 이미 잊은 일로,
역사는 말없이 자세히 잇따르네.

350. MBC 아침방송

放送現場獨島生, 强風持續國旗橫.
青波背景知天氣, 永遠無窮幸福聲.

방송의 현장에 독도가 살아나,
강풍이 불어도 국기는 휘날려.
청파의 배경엔 날씨를 알겠고,
영원무궁한 행복을 소리하네.

*2005. 8. 15.

351. 上巖蹴球場短見

平和念願蹴球場, 南北合心應援昌.
勝敗無關民族感, 萬邦誇示意宣揚.

평화를 바라는 축구장 에서는,
남북이 합심해 응원이 성하네.
승패와 무관한 민족의 감정은,
만방에 자랑과 선양한 뜻이라.

352. 看韓半島旗幟

槿域首都晴碧天, 大韓旗幟滿場連.
蹴球競技爭南北, 統一眼前豫告筵.

근역의 수도엔 하늘이 개었고,
대한의 기치는 가득히 잇따르네.
축구의 경기로 남북이 다투나,
통일을 눈앞에 예고한 자리일세.

353. 唯願金剛

畵面依支皆骨看, 現場不遠視平安.
蓬萊楓嶽金剛指, 統一無忘期必觀.

화면에 의지한 금강산 보지만,
현장은 머잖아 평안히 보리라.
봉래와 풍악도 금강을 가리켜,
통일을 생각해 기필코 보리라.

354. 讀栗谷先生金剛山踏査記(1)

寺刹金剛七寺言, 卌加一菴五潭存.
十餘臺外峰多數, 瀑布六而溪谷論.

사찰은 금강에 칠사가 있다니,
사십일 암자와 다섯못 있다네.
여남은 대외에 다수의 봉이라,
여섯의 폭포와 계곡을 말하네.

*정항교 선생의 詩題之書譯解를 읽고
*名所=寺刹(7) 庵子(41) 溪谷(5) 瀑布(6) 山峰(16) 臺(11) 池(5) 合計(91)

355. 考金剛(1)

金剛山外海金剛, 一萬二千奇異光.
叢石青波常洗體, 不忘探訪筆情揚.

금강산 밖에는 해금강 있으며,
일만이 천봉이 기이한 빛이라.
총석에 청파는 언제나 세례니,
반드시 찾아서 필정을 드날려.

356. 考金剛(2)

唯願金剛訪問怡, 只今情況不然知.
蓬萊仙境夢中展, 兩斷江山何事期.

원하던 금강산 방문이 기쁘나,
지금의 정황은 그렇지 못하네.
봉래산 선경은 꿈속에 펼치고,
양단된 강산에 무엇을 기하리.

357. 憶鏡浦臺

東海江陵俯見時, 青波巖下不休知.
白沙鏡浦白鷗舞, 松影臥人何事怡.

동해의 강릉을 구부려 살피니,
청파는 암하에 쉬지를 않는구나.
백사장 경포대 갈매기 춤추니,
솔 그늘에 누워 무엇이 기쁜지.

358. 嶺東高速道關東築高橋

江原腰嶺大關嶺, 山野中央兩側看.
百曲斜途今整理, 高橋一架往來安.

강원의 허리가 대관령이라니,
산야의 중간에 양측을 살피네.
백 구비 비낀 길 지금은 바르니,
높은 다리 놓아 오가기 편하네.

359. 到秋

夏去殘炎蟬遠聲, 青天白日樹陰橫.
白鷗江上雙雙樂, 仙居幽處已秋程.

여름 뒤 늦더위에 매미는 먼데,
푸른 하늘 갠 날에 그늘이 좋아.
갈매기 강위에 쌍쌍이 즐겁고,
신선의 유처엔 가을 이미 왔네.

360. 讀栗谷先生金剛山踏查記(2)

賢人栗谷棲金剛, 同道徒班遊覽忘.
處處事緣文筆記, 三千字迹紀行揚.

현인인 율곡이 금강에 머물러,
동도의 도반과 유람을 잊었나.
곳곳에 사연이 문필로 적혀서,
삼천의 자적인 기행문 드날려.

361. 晚夏

樹影老蟬間歇鳴, 西山半掛紫陽橫.
炎天細雨暫時退, 七彩虹橋一處生.

그늘의 매미는 간간이 우는데,
서산에 걸쳐진 붉은 빛 가르네.
더위에 가랑비 잠시에 물러가,
일곱 빛 무지개 한 곳에 생겨.

362. 父母

二三十代不知言, 父母立場其後論.
經驗當然生哲學, 人間歷史是如根.

이삼십 대에는 모르는 말이라,
부모의 입장은 그뒤에 논하네.
경험엔 당연히 철학이 생기니,
인간의 역사는 뿌리가 이처럼.

363. 八・一五記念

民族喊聲全國橫, 首都處處未來生.
平和統一眼前到, 八月合心歷史程.

민족의 함성은 전국을 가르고,
수도의 곳곳에 앞으로 생기네.
평화적 통일이 눈앞에 닥치니,
팔월의 합심은 역사의 길이라.

364. 憶端宗哀史

逐姪首陽王座臨, 端宗怨恨只今尋.
江原寧越淸泠浦, 傳言崇仰屈松林.

조카 쫓은 수양이 왕좌에 올라,
단종의 원한은 지금도 생각해.
강원도 영월의 청령포에서는,
전언에 숭앙한 솔숲이 굽히네.

365. 生命

生命尊嚴何者同, 健康持續萬人窮.
自身放棄自身滅, 世上二無治癒忘.

생명의 존엄은 누구나 같으니,
건강의 지속은 만인이 궁하네.
자신이 버리면 자신이 멸하니,
세상에 또없는 치유를 다하네.

366. 希望

每朝太陽發希望, 生活底邊活氣光.
肯定展開無不異, 受容姿勢必繁昌.

아침의 태양은 희망을 발하고,
생활의 저변에 활기가 빛나네.
긍정을 펼치면 다른게 없으니,
수용의 자세는 반드시 번창해.

367. 乙酉七夕(1)

七夕晴空細雨橫, 牽牛織女淚痕明.
每年不錯是如境, 傳說銀河何者驚.

칠석의 청공에 가랑비 내리니,
견우와 직녀의 눈물이 분명해.
해마다 똑같이 이같은 경지라,
전설의 은하는 누구든 놀라네.

368. 乙酉七夕(2)

銀河夜景衆星光, 烏鵲相逢無變忙.
落淚雨痕期必降, 何時傳說也誰忘.

은하의 야경은 별들의 빛인데,
오작의 만남은 그대로 바쁘네.
눈물은 비되어 반드시 내리니,
어느때 전설을 누구든 잊었나.

369. 回期

病魔克服換生新, 世上自然尤切親.
生命何人唯一體, 心身康健寶輿眞.

병마를 극복해 새삶이 바뀌니,
세상의 자연은 더더욱 절친해.
생명은 누구든 오로지 일체니,
심신의 건강이 참으로 보배라.

370. 江色

山上白雲江上舟, 閑流洌水柳陰垂.
往還車道溢車輛, 遊泳鳧群常樂遊.

산상의 백운에 강위에 쪽배라,
한가한 한강엔 버들이 드리워.
오가는 찻길은 차들로 넘치고,
유영의 오리들 언제나 즐겁네.

371. 夏景

南山尖塔白雲淡, 高聳斑姿倒碧潭.
相互調和常在像, 間間何處鷲喃喃.

남산의 첨탑은 흰 구름 담백해,
솟아난 얼룩 모습 벽담에 거꾸로.
서로의 조화는 모습에 있는데,
간간이 어디서 제비가 재잘대.

372. 何阜

底阜中央敎會高, 周邊家屋密如毛.
貧村實像感知易, 歲月如流舊態遭.

밑언덕 중앙에 교회가 높은데,
주변의 가옥은 털처럼 촘촘해.
빈촌의 실상은 알기가 쉬운데,
세월은 흘러서 구태를 만나네.

373. 平等

山上布言救主言, 無知百姓入其門.
人間萬事罪中起, 也孰宜當平等坤.

산상 포언은 주님의 말씀이니,
무지한 백성은 그 문에 들어가.
인간의 만사는 죄에서 일어나,
누구든 마땅히 땅에서 평등해.

374. 來日處暑

乙酉當然處暑來, 每年同一美秋開.
老炎盡力猛威務, 朝夕淸凉風氣徊.

을유년 당연히 처서가 오는데,
해마다 동일한 가을이 곱구나.
매미는 힘내어 맹위를 떨치나,
조석의 시원함 바람이 감도네.

375. 回生

人命在天人換生, 可能方法動員驚.
自然治癒分明好, 機會該當新畵盈.

인명은 재천이나 사람 환생해,
가능한 방법의 동원에 놀랐네.
자연의 치유가 분명히 좋은데,
기회가 닿으면 새 그림 채우네.

376. 九月天開

九月早朝淸氣留, 古今不變漢江流.
瓦飛水上白鷗弄, 兩岸靑堤柳陰儔.

구월의 아침은 청기가 머무니,
예나지금 그대로 한강은 흐르네.
와비의 수상에 갈매기 노닐고,
양안의 청제엔 버들이 짝하네.

377. 無變漢江

西海閑流洌水遐, 片舟不動照波霞.
路邊樹影蟬鳴絶, 黃染山河紅日斜.

서해로 한가히 한강은 멀어져,
쪽배는 그대로 노을에 잠기네.
길가의 유영엔 매미도 끊겼고,
노오란 산하에 붉은해 비끼네.

378. 自然

窓外涼風秋色招, 蒼空一片白雲遙.
自然如此變移換, 錦繡江山樹葉凋.

창밖에 양풍은 추색을 부르고,
창공엔 한조각 백운이 아득해.
자연은 이렇게 변하여 바뀌니,
금수라 강산도 나뭇잎 마르네.

379. 自然景觀

自然何處自然昌, 破壞宜當生再揚.
使用人間無理有, 古今不變太陽光.

자연은 어디든 자연히 번창해,
파괴는 마땅히 또다시 드날려.
사용한 인간들 무리가 있으나,
고금을 불문코 태양은 비추네.

380. 記錄

天上斗星地上余, 我無世界必無舒.
人間生活本痕迹, 萬象宜當書不餘.

하늘엔 북두성 땅에는 이내몸,
내없는 세계는 펼칠게 없구나.
인간의 생활은 흔적이 본인데,
만상은 마땅히 그대로 써야해.

381. 江原道推薦招待作家展有感(1)

江原書藝首都展, 現代詩文多樣言.
畵刻名痕形象見, 只今何者變移呑.

강원도 서예전 서울서 펼치니,
현대의 시문과 다양한 말일세.
화각의 명흔은 형상을 보이니,
지금은 누구든 변이를 감추네.

*2005. 9. 8.~14.(江原道書藝展 於백악미술관)

382. 江原道推薦招待作家展有感(2)

江原各處現能書, 刻畵從遊多樣舒.
地域無關明特性, 文人精氣確然餘.

강원도 각처의 능서가 나타나,
각화와 노는데 펼침이 다양해.
지역과 무관한 특성이 분명해,
문인의 정기가 확연히 남았네.

383. 看仁川亞洲陸上競技

亞洲陸競展仁川, 諸國有能選手連.
南北合心成績好, 同聲應援樂園筵.

아주 육상경기 인천서 펼치니,
제국의 유능한 선수가 잇따르네.
남북의 합심에 성적이 좋으니,
한소리 응원은 낙원의 자리일세.

384. 南海錢魚

南海錢魚秋季期, 漁民味覺一般知.
颱風被害避圓滑, 黃染換楓適切時.

남해의 전어는 가을을 기하고,
어민의 미각은 모두가 안다네.
태풍의 피해를 원활히 피하니,
물들인 단풍이 적절한 시기라.

385. 看束草

束草海洋淸淨開, 魚群多樣群泳來.
白鷗船尾不休舞, 渡鳥飛翔綠樹臺.

속초의 바다는 맑게도 열렸고,
고기는 다양해 떼 지어 온다네.
갈매기 선미에 쉬지 않고 나니,
철새들이 날아드는 녹수대인가.

386. 江岸所見

淸淨山河九月天, 東邦槿域燦然連.
漢江流水片舟遠, 山上白雲涼影傳.

청정한 산하인 구월의 하늘에,
동방의 근역은 찬연히 잇닿네.
한강의 흐름에 쪽배가 멀어져,
산상의 백운은 서늘함 전하네.

387. 自然崇尙

世事險難歲月知, 自然順理順從時.
水能淸潔能余友, 竹直中虛是萬師.

세상사 어려움 세월은 아는데,
자연의 순리에 순종을 할 때라.
물은 능히 깨끗한 내 벗이 되니,
곧은 대 비움이 모든 스승일세.

388. 釜山 비엔날레(1)

大韓港口展雙年, 文化去來華麗連.
筆墨精神如此活, 釜山書藝萬邦傳.

대한의 항구에 격년전 펼치니,
문화가 오감에 화려함 연잇네.
필묵의 정신은 이처럼 활기차,
부산의 서예를 만방에 전하리.

389. 釜山 비엔날레(2)

港都氣韻藝人呼, 書法雙年雲集徒.
多樣筆痕形象展, 釜山文化最高娛.

항도의 기운이 예인을 부르니,
서법의 격년전 떼거리 운집해.
다양한 필흔이 형상을 펼치니,
부산의 문화가 최고를 즐기네.

390. 書

大明天地起諸事, 書畵詩文期必刊.
墨客精神形象聳, 世人藝術視無難.

대명천지에 갖은 일이 일어나,
서화에 시문은 반드시 간행해.
묵객의 정신은 형상이 솟아나,
세인의 예술은 무난히 보이네.

391. 病床

生死瞬間何者知, 去來情況在天期.
爲人醫術一方法, 平常心氣最高思.

생사의 순간은 누구든 아는데,
오고간 정황은 하늘이 기하네.
남을 위한 의술도 하나의 방법,
평상의 심기로 최고를 생각해.

392. 早朝肇秋

晴天空豁片雲浮, 一葉片舟江上流.
兩象常時看不厭, 人間諸事是如儔.

갠하늘 넓은데 편운이 떠있고,
한조각 쪽배는 강위에 흐르네.
두가지 언제나 보기도 좋은데,
인간의 모든일 이렇게 짝하네.

393. 蝶北上

秋風來到每年同, 南域颱風急襲窮.
反復自然災害起, 蝶號大形進行中.

추풍의 오는 건 해마다 같은데,
남쪽의 태풍은 급습에 막히네.
반복된 자연의 재해가 일어나,
대형 나비호 진행하는 중일세.

394. 何日夕陽

青天過半染霞雲, 間或形成神秘云.
空下孤光鐘塔赤, 人爲至極自然紋.

청천은 반이나 노을로 물들고,
어쩌다 형성된 신비를 말하네.
한줄기 햇빛에 종탑이 붉은데,
남을 위한 지극한 자연의 무늬.

395. 晝夜

四方暗黑靜余心, 奔走周圍活氣禁.
晝夜變移從情況, 自然妙味是如深.

사방의 암흑에 내마음 조용해,
분주한 주위에 활기를 금하네.
주야로 바뀌는 정황에 따라서,
자연의 묘미는 이렇게 깊다네.

396. 肇秋所見

春來南域北秋來, 鴻雁江河其影廻.
山野染黃肥五穀, 黎民心氣裕豊催.

남에서 봄오고 가을은 북에서,
기러기 강물에 그림자 노니네.
산야는 노랗게 오곡은 살찌고,
백성들 심기는 풍요를 펼치네.

397. 輓靜香先生靈前

檀君崇仰樂書文, 民族精神實踐云.
行步貴痕何處在, 靜香詞伯逝天聞.

단군을 숭앙해 서문을 즐기고,
민족의 정신을 실천해 말하네.
행보의 흔적은 어디든 있는데,
조정향 사백의 서거가 들리네.

*靜香=趙柄鎬先生雅號(1914~2005. 9. 3. 12:15. 건양대학교병원)

398. 人心

明月乾坤照靜中, 四圍淸氣汝余同.
自然生態動環境, 世上人心何事窮.

명월은 천지에 조용히 비치고,
사위의 청기는 너와나 같다네.
자연의 생태는 환경이 움직여,
세상의 인심들 일삼아 궁구해.

399. 肇秋江山

窓架秋聲呼我心, 青簾楊柳動濃陰.
二三鴻影見江岸, 歲月常時是無禁.

창가에 가을은 내마음 부르니,
푸른발 버들의 그늘이 움직여.
두셋의 기러기 강안에 보이니,
세월은 언제나 금함이 없다네.

400. 文源

文章何者起謂由, 筆力与神腸力儔.
思考根源胸裏本, 世人事實不知遊.

문장은 누구든 말로써 내닫고,
필력은 신처럼 장력이 짝하네.
생각의 근원은 마음이 본인데,
세인들 사실을 모르고 노니네.

401. 無題(3)

黎明東側染紅霞, 正午靑天白日遐.
大塊轉移如此異, 人間俗物不知佳.

여명의 동쪽은 불그레 물드니,
정오의 하늘은 태양이 멀고나.
지구의 전이는 이렇게 다른데,
인간의 속물들 고운줄 모르네.

402. 早秋一見(1)

窓前秋色我心呼, 江岸垂楊濃影乎.
鴻雁二三遊泳樂, 老蟬間或遠聲孤.

창전에 가을빛 내마음 부르니,
강둑의 버들은 그늘을 부르네.
기러기 두엇이 유영에 즐겁고,
늦매미 어쩌다 외로이 멀다네.

403. 早秋一見(2)

山上紅染感早秋, 江邊楊柳尚靑儔.
片舟碇泊白鷗遠, 淸氣到來白帝由.

산상이 붉으니 초가을 느끼나,
강변의 버들은 푸름이 짝하네.
쪽배는 머물고 갈매기 멀어져,
청기의 도래는 가을신 따르네.

404. 順理

紅染東天大塊明, 樹端黃變見秋聲.
自然攝理是如順, 每事無爭平穩橫.

홍염의 동천은 지구를 밝히고,
나무끝 황염은 추성을 보누나.
자연의 섭리는 이처럼 순종해,
매사가 그대로 평온함 흐르네.

405. 文悅

詩中含意見當時, 揮灑書痕社會知.
筆寫內容眞實有, 美辭麗句不要怡.

시중에 함의로 당시를 보는데,
휘쇄한 서흔에 사회를 안다네.
필사의 내용은 진실에 있으니,
미사여구를 그대로 기뻐하네.

406. 人生

東天紅染大明時, 轉變地球自轉知.
歲月是如來往續, 人生一去不回期.

동천이 붉으니 대명의 시기라,
전변의 지구는 자전을 안다네.
세월은 이렇게 오감을 잇는데,
인생은 간다면 돌아오지 않네.

407. 行實

思索廣場紙面盈, 胸中意事筆端橫.
人生未百相爭續, 後世誰稱痕迹明.

사생의 광장은 지면을 채우고,
마음의 의사는 붓끝에 오가네.
인생은 미백에 상쟁을 계속해,
후세에 칭하는 흔적을 밝히리.

408. 歲月

快晴天碧片雲無, 淸氣秋聲近接娛.
黃染樹稍增四面, 輪廻歲月我身孤.

맑은 하늘에 구름 한 점 없고,
청기의 추성이 가까워 즐겁네.
황염의 나무 끝 사변에 불어나,
윤회의 세월에 이 몸만 외로워.

409. 漢南敎會有感

山頂孤高敎會堂, 每時變化妙圖揚.
早朝白晝夜間異, 日氣順應形象良.

산정에 외로운 교회가 있는데,
언제나 변하는 그림을 드날려.
아침과 한낮과 야간이 다른데,
일기에 순응한 형상이 좋더라.

Ⅳ. 七言律詩

1. 舊友

白雲嶺外覆千重, 琴響風聲生碧松.
簾捲夕陽誰對酌, 鮮明流水老牽筇.
鐘樓自吼汝吾吉, 佛塔燒燃災禍凶.
雨餘山麓明蘇草, 樽前身傍友相逢.

백운은 영외의 천겹을 덮는데,
거문고 소리는 벽송에 생기네.
발걷은 석양에 누구와 대작해,
선명한 유수는 노인을 이끄네.
종루가 울리니 너와나 길하고,
불탑을 사름은 재화로 흉하네.
우후의 산록은 새싹이 분명해,
술통의 곁에서 친구와 만나네.

2. 爲畵論

今昔畵論形態爲, 該當理致筆端知.
胸中詩賦出思考, 案上卷書見雅詞,
飛鳥天涯戲鳥遠, 遊人到處樂人盈.
不言騷客名文寫, 記錄是非後世評.

고금에 서론은 형태를 위하고,
해당된 이치는 붓끝이 안다네.
마음의 시부는 생각에 나오고,
책상의 책들은 좋은글 보이네.
나는새 하늘끝 노느라 멀어져,
노는이 도처에 가득히 즐기네.
말없는 소객은 명문을 쓰는데,
기록의 시비는 후세가 평하리.

3. 6・25, 55周年所懷(1)

殘酷戰爭起幾年, 已過雙五只今連.
不要思想兩邦執, 生活必須多樣牽.
墓域英靈何處泣, 國家防禦力强堅.
當時實狀證人有, 亂政黎民心不偏.

잔혹한 전쟁은 몇 년이 지났나,
이미 오십 오년 지금도 이어져.
불요한 사상을 양방이 고집해,
생활을 위하여 이끄는 다양함.
묘역의 영령들 어디서 우는가,
국가의 방어에 강력한 힘이라.
당시의 실상은 증인이 있는데,
난정에 백성은 마음이 불편해.

4. 第3回 大韓民國文人畵協會屛風展所懷

技藝鍊磨頂上成, 文人氣槪幾多盈.
十七人之書畵展, 屛風企劃讚辭聲.
筆痕能力科程感, 思考展開心性驚.
過猶不及名言顧, 向後是如發表明.

기술을 닦으면 정상에 서는데,
문인의 기개는 얼마나 차는가.
열일곱 사람이 서화전 펼치니,
병풍의 기획은 찬사가 쏟아져.
필흔의 능력에 과정을 느끼고,
생각을 펼치니 심성에 놀라네.
지나치지 말자는 무언의 살핌,
앞으로 이러한 발표가 분명해.

*2005. 6. 25.(예술의전당 서예박물관)

5. 綠陰弄綠(1)

閑村茅屋燕來簷, 細雨四方芳草霑.
山上覆雲山麓繞, 江邊楊柳水中淹,
薔薇花蕊飛蜂蜜, 躑躅杜鵑弄酒帘.
綠樹陰濃忘季節, 淸涼氣韻我心恬.

한촌의 모옥엔 처마에 제비가,
가랑비 사방에 방초를 적시네.
산위를 덮은 구름 산록을 감아,
강변의 버들은 물속에 담그네.
장미의 꽃술엔 꿀벌이 나는데,
철쭉에 두견새 주점을 희롱해.
녹수의 그늘엔 계절을 잊는데,
청량한 기운에 내 마음 편안해.

6. 弄梅花

明月雲遮遂斷腸, 我心誰解自然芳.
相思雖異淡姿好, 咸集一場靑草香.
細雨乾坤佳樹綠, 暖風槿域換紅黃.
是如騷客梅花弄, 勝地一樽考故鄉.

명월이 구름가려 단장을 끊는데,
내 마음 뉘 알랴 자연의 꽃다움.
서로의 다른 생각 맵시도 좋은데,
모여든 한 곳엔 푸른 풀 향기라.
가랑비 천지에 녹수가 아름다워,
난풍은 근역을 꽃밭으로 바꾸네.
이러한 소객이 매화를 희롱하니,
멋진 곳 술 앞에 고향을 생각해.

7. 國書聯江華逍風

國際書聯遊一團, 磨尼山下碧山巒.
乾坤一致覆濃霧, 全體童心樂景觀.
男女同場先烈顧, 周邊警戒地形安.
太平名所江華氣, 無事終日成不難.

국제서련 한 패가 놀러 갔는데,
마니산 아래는 벽산이 둘렀네.
천지는 일치로 농무가 뒤덮고,
전체는 동심의 경관이 즐겁네.
남녀가 같은 곳 선열을 찾으니,
주변의 경계는 지형이 편안해.
태평한 명소로 강화의 기운이,
무사히 진종일 그대로 보냈네.

*2005. 6. 26.(沁隱美術館)

8. 江華遊戲

天惠江華海岸濱, 四方濃霧太平眞.
周邊眼界自然靜, 山麓石階古寺彬.
地勢特殊要塞久, 事情無變景觀新.
磨尼山頂瑞雲繞, 國際書聯士氣伸.

천혜의 강화는 바닷가 이루고,
사방의 농무는 진실로 태평해.
주변의 안계는 그대로 조용해,
산기슭 돌계단 옛 절이 빛나네.
지세의 특수성 요새로 오래고,
사정은 그대로 경관만 새롭네.
마니산 꼭대기 서운이 감도니,
국제서련 선비들 사기가 올라.

*2005. 6. 26.(錦波高柄德先生詩次韻)

9. 三淸詩社二回展所懷(2)

三淸詩社又書筵, 雅會氣分千里連.
筆墨餘興何處及, 詠吟得句世人驚.
胸中形象文通見, 紙上字痕思考聲.
圖書淸香同席感, 一堂掛壁美無邊.

삼청시사가 글씨 잔치 펴는데,
아회의 기분은 천리나 잇따르네.
필묵의 여흥은 어디로 이르나,
읊어서 얻은 말 세인이 놀라네.
흉중에 형상이 통함을 보이니,
종이에 글 흔적 생각의 소리라.
도서의 향기는 동석에 느끼고,
일당에 걸어둔 끝없는 미태라.

*2005. 7. 7.~13.(백악미술관)

10. 槑山金善源回甲記念展頌

耳順生涯學問揚, 筆痕邦內不無彰.
鍾繇書法今常熟, 秋史精神後尚良.
朋友一同多樣讚, 炎天何者溢辭强.
孝心作品慈堂頌, 也孰周邊與舞蹈.

이순의 생애에 학문을 드날려,
필흔은 나라에 뚜렷이 밝히네.
종요의 서법이 한도에 이르고,
추사의 정신은 나중에 좋아라.
친구들 일동의 다양한 칭찬에,
더운 날 누군가 강하게 말하네.
효심의 작품이 자당을 노래해,
누구든 주변에 더불어 춤추네.

*2005. 6. 30.~7. 6.(於孔畵廊)

11. 思政治

花開燕語換新年, 世上何人設計連.
來往舊城明舊苑, 必隨今月照今天.
心中文字論長恨, 樹近微風笑獨眠.
爲政根源爲百姓, 黎民萬事不知然.

꽃피자 제비재잘 신년이 되니,
세상의 누구든 설계로 잇따르네.
오가는 옛 성의 그 뜰은 밝은데,
따르는 오늘 달 오늘을 비추네.
마음의 문자는 긴 한을 말하고,
원근의 미풍에 독 면에 웃는다.
위정의 근원을 백성을 위해야,
백성은 만사를 그렇게 모르네.

12. 讀後感朝鮮之心(5)

朝鮮歷史不知眞, 案內燈臺紹介新.
權力鬪爭人傑散, 民心移動不評辛.
要求開放異邦務, 受惠收容無屈伸.
多樣事情多樣展, 草堂詞伯筆痕親.

조선의 역사를 진실로 모르니,
안내의 등대로 새롭게 소개해.
권력의 투쟁에 인걸이 흩어져,
민심의 이동은 불평에 힘드네.
요구한 개방은 이방이 힘쓰고,
수혜의 수용엔 굽히지 않구나.
다양한 사정을 다르게 펼치니,
신초당 사백의 필흔과 친하네.

*草堂=辛奉承詞伯之雅號(조선의 마음을 읽고)

13. 閑日卽事

有時獨坐靜禪臨, 終日閉門反省深.
雙鳥煙中來別渚, 一帆江上渡流陰.
右軍書畵傳神體, 栗谷文章授夢心.
車輛轟音聽晝夜, 仰天樓閣白鷗尋.

어느 날 혼자서 정선에 임하여,
진종일 문 닫고 반성에 빠졌네.
새 한 쌍 연중에 서정을 부르니.
돛단배 강위에 그늘로 건너네.
왕우군 서화로 신체를 전하니,
율곡의 문장이 환상을 내리네.
차량의 굉음이 주야로 들리니,
앙천누각에서 갈매기 찾아보네.

14. 江岸景致

江村樹色綠陰光, 古寺鐘聲染夕陽.
流水無言西海向, 片雲有象五峰揚.
輕舟乘浪似飛瓦, 巨石存岡如聚羊.
心外心中生別境, 詩文筆墨自然香.

강촌의 나무색 녹음의 빛이니,
고사의 종소리 석양을 물들여.
유수는 말없이 서해로 향하니,
편운의 모양은 오봉에 드날려.
작은 배 물결의 기왓장 같은데,
큰 돌은 모양이 양떼들 같구나.
마음의 안팎은 별경을 이루니,
시문과 필묵도 자연의 향기라.

15. 元老

養性治情君子生, 南風到暖熱天橫.
蓮池花笑傘靑葉, 銀漢星光烏鵲聲.
首夏淸和明富貴, 紫雲瑞氣載繁榮.
功名壽世願何者, 文德相應遙遠程.

양성과 치정은 군자의 삶이요,
남풍의 따스함 하늘 갈라 오네.
연지에 꽃피니 우산 같은 잎에,
은한의 별빛은 오작의 소리라.
초여름 청화에 부귀가 분명코,
자운의 서기는 번영을 실었네.
공명과 수세는 누군들 원하나,
문덕이 상응할 요원한 길일세.

16. 書寫精神

書畵根源現實生, 筆痕律動感歎聲.
士人咸集詩文競, 墨客揮描形象驚.
歷史聳名多數有, 藝壇奇態兩三程.
豪端運命該當者, 哲學中心後世明.

서화의 근원이 현실을 낳는데,
필흔의 율동에 감탄을 말하네.
선비의 모임이 시문의 겨룸에,
묵객의 그림은 형상에 놀라네.
역사에 명인은 다수가 있으나,
예단의 멋쟁이 두셋에 불과해.
붓끝의 운명은 사람에 따르고,
철학의 중심은 후세에 분명해.

17. 憶濟州

濟州一帶藝人姿, 書畵詩文演技知.
海女故鄕名四海, 漢拏高聳在靈芝.
天池淵下觀光客, 三姓穴前歷史基.
多石多風多女也, 大洋無言島圍治.

제주의 일대에 예인의 모습이,
서화와 시문에 연기도 알겠네.
해녀의 고향은 사해에 유명해,
한라의 솟음에 영지가 있다네.
천지연 아래에 관광온 사람들,
삼성의 혈전은 역사의 근본이.
돌많고 바람과 여자도 많아라,
대양은 말없이 섬주위 다스려.

18. 難局(1)

六月不忘戰歿兵, 自由民族自存情.
流川雲影前山雨, 千里香風後竹萌.
巨樹濃陰欺夏日, 廣場銅像守邦名.
爲民政策隱何處, 經濟問題全國傾.

유월엔 못잊을 전몰의 병사들,
자유의 민족인 자존의 정이라.
유천에 구름은 앞산에 비오고,
천리의 향풍에 뒤늦은 죽순이.
거수의 농음이 여름을 속이니,
광장의 동상은 나라를 지켰네.
위민의 정책은 어디에 숨었나,
경제적 문제로 전국이 기우네.

19. 月明冠岳

萬里江山陶醉人, 炎天長夏詠吟辛.
白鷗洌水淸明鏡, 靑柳兩堤落照珍
風捲暮雲歸碧嶂, 雨隨廣野靜無塵.
月光冠岳輝姿態, 閑暇書生看漢銀.

만리의 강산에 도취한 사람들,
무더운 여름날 음영도 힘들어.
갈매기 한강에 청명한 거울이,
청류의 양안에 낙조가 진귀해.
바람잔 구름은 벽장에 돌아가,
비온뒤 광장은 티없이 조용해
달빛은 관악에 자태가 빛나니,
한가한 서생은 은한을 보노라.

20. 浦項行

槿域江山草色珍, 灰天霖雨日常辛.
乍晴樹上飛群鳥, 長夏川邊釣一人.
楊柳絲間微風起, 白雲淡影形象伸.
四方天地熟炎氣, 初伏旅行意味巡.

근역의 강산에 초색은 진귀해,
흐린날 장마는 일상이 힘드네,
잠깐갠 나무엔 새들이 나는데,
긴여름 개울가 낚시꾼 한사람.
버들의 가지엔 미풍이 이는데,
백운의 그늘엔 모양이 말하네.
사방의 천지에 더위가 익으니,
초복의 여행은 생각이 돈다네.

21. 春景筆寫

門前流水綠垂楊, 樓上靑山照太陽.
平地落花春日靜, 一聲鳴鳥樹林長.
四時好節當三月, 二又不回是如光.
窓外白雲浮遠處, 江湖騷客也誰忙.

문전에 유수라 수양이 푸르고,
누상의 청산엔 햇살이 비치네.
평지에 낙화라 봄날이 조용해,
한마디 새소리 숲새에 길구나.
사시가 좋은데 삼월을 당하니,
다시는 오잖는 이같은 빛일세.
창밖의 백운은 저멀리 떠가고,
강호의 소객은 누구든 바쁘네.

22. 過光復60年

解放黎民喜悅連, 已過六十歲餘年.
東方地域共榮策, 三國均衡自發聯.
光復原因原爆力, 政治失敗責朝鮮.
無知百姓同今日, 後世何人是事篇.

해방된 백성은 기쁨이 이어져,
지나간 세월이 육십년 이라네.
동방의 지역을 공영화 꾀하고,
삼국의 균형을 자발로 연결해.
광복의 원인은 원폭의 힘인데,
정치의 실패는 조선의 책임이.
무지한 백성들 오늘도 같은데,
후세에 그누가 이일을 펴내리.

23. 夢遊桃源圖所懷(1)

夢遊桃源安堅畵, 歷史以來最上珍.
多樣文人題跋寫, 一書筆致是痕親.
幽谷祥光仙客處, 洞門瑞氣萬峰均.
桃源秘境當無二, 彼岸此圖稀代神.

몽유의 도원은 안견이 그렸고,
역사의 이래로 최상의 보배라.
다양한 문인이 발문을 썼는데,
일서의 필치도 흔적이 친하네.
유곡의 상광은 선객이 머물고,
동문의 서기는 만봉이 고르네.
도원의 비경은 당연히 무이라,
피안의 이 그림은 희대의 신필.

24. 漢江邊一隅

終日閉門反省禪, 暫時面壁自身先.
階前犬跡石苔破, 雨後鳥聲樹裏連.
兩岸垂枝風上動, 片舟長棹水中全.
漢江倒影逆三角, 此老丹心絶景傳.

진종일 문닫고 선으로 반성해,
잠시간 벽면에 자신이 나아가.
계단앞 개자취 석태를 깨는데,
비온뒤 새소리 숲속에 이어져.
양안의 수지는 바람이 흔들고,
쪽배의 긴노는 물속에 온전해.
한강에 도영은 역삼각 이루니,
노인의 단심이 절경을 전하네.

25. 寒士日常

萬里煙霞遠片舟, 一行雁影白雲儔.
斜陽陣處靑山覆, 飛鳥空天淡霧流.
日暖魚跳波面靜, 風輕蟬語樹陰優.
荒村明月除炎氣, 窓外展書心外求.

만리의 연하에 쪽배는 멀어져,
한 줄의 기러기 백운이 짝하네.
해 비낀 진처엔 청산이 뒤덮고,
새 나는 하늘엔 안개가 흐르네.
따스해 고기 뛰자 조용한 수면,
가는 바람 매미 우아한 그늘이.
황촌에 명월이 더위를 식히니,
창밖에 펼친 글 심외에 구하네.

26. 吾佛

古佛長生不老僧, 世人皆醉必然增.
一燈暗澹參禪入, 萬法空明證道能.
天地展開閑日月, 乾坤補養互相明.
九年面壁修行者, 幾見靑山我釋稱.

고불의 장생에 노승은 없는데,
세인은 취해서 반드시 불어나.
등 하나 암담한 참선에 드는데,
만 권의 공명은 도 능히 증명.
천지에 펼쳐진 한가한 일월은,
건곤의 보양에 서로가 밝히네.
구년의 면벽에 수행한 사람은,
터득한 청산이 나마저 가리나.

27. 洌上詩社七月雅會(改憲有感)

我邦憲法不言齊, 數次改容今尙低.
五十八年權力立, 何時何者聳無稽.
實行大衆必難事, 制定幾人當易題.
爲國尊嚴依是本, 現存百姓此如迷.

이나라 헌법은 똑같지 않으니,
몇차례 바꿔도 지금껏 밑바닥.
오십팔 년이나 권력이 세우니,
어느때 누군지 움직여 솟구나.
실행한 대중은 반드시 어려워,
제정한 몇사람 쉽게도 바꿨네.
위국의 근본이 여기에 따라도,
현존한 백성을 이처럼 미혹해.

28. 洌上詩社八月雅會(光復節有感)

光復已過迎甲年, 兩分南北未明天.
自由擴散朝鮮願, 經濟中心我國連.
民主國家成面貌, 人權體制不完全.
政治行態要望改, 無恥後孫確實傳.

광복이 지나서 갑년을 맞으니,
양분된 남북은 명천이 아닐세,
자유의 확산을 조선이 원하나,
경제의 중심엔 우리가 잇닿네.
민주의 국가로 면모를 이루고,
인권의 체제가 불완전하다네.
정치의 행태는 개혁을 바라니,
부끄럽지 않게 후손에 전하네.

29. 六千首詩想

三春淸氣滿門前, 萬里祥光庭裏連.
五色霧中紅早活, 百年樹上白雲全.
天將因日舒淸景, 地有和風聚太筵.
多事多難今世態, 六千詩想筆痕堅.

삼춘의 청기는 문전에 가득해,
만리의 상광은 뜰까지 이어져.
오색은 안개 속 붉게도 활기차,
백년의 수상에 백운이 온전해.
하늘은 날마다 서정의 경치를,
땅에는 화풍이 모이는 큰 자리.
다사다난했던 금세의 모습에서,
육천의 시상에 필흔도 든든해.

30. 亂時情景

江岸橫吞楊柳閑, 風光如此酒杯間.
雲山萬里鳥群盡, 煙雨一樓人獨還.
遠近片舟歸別浦, 高低大廈聳無關.
浮生眞實醉中夢, 萬事宜當歲月斑.

양안을 삼키는 버들은 한가해,
풍광은 이처럼 술잔의 사이라.
운산은 만리라 새들이 없는데,
연우는 누각에 혼자서 돌아와.
원근의 쪽배는 포구에 드는데,
고저의 대하는 무관히 솟았네.
인생사 진실은 취중에 꿈인데,
만사는 마땅히 세월에 얼룩져.

31. 無常歲月

兩岸公園十里長, 白鷗水上弄無常.
一間亭子遊騷客, 千曲青堤茂柳楊.
混濁世流歌歲月, 清貧人性尚繁昌.
炎天體力暫時換, 以後共生氣勢揚.

양안에 공원은 십리도 넘는데,
갈매기 물위에 언제나 희롱해.
한칸의 정자는 소객이 노닐고,
천구비 청제는 버들이 무성해.
혼탁한 세류엔 세월의 노래가,
청빈한 인성은 오히려 번창해.
더위에 체력은 잠깐씩 바뀌니,
이후의 공생에 기세를 드날려.

32. 世上事

楊柳千絲黃鳥橫, 四方春氣草香開.
花開花落山無頉, 人死人生孰不驚.
歲月水流痕迹貴, 時間所重確然醒.
悲哀愛樂起思考, 萬事是如均勿傾.

버들의 가지엔 꾀꼬리 드는데,
사방엔 봄기운 풀향기 열리네.
꽃피고 꽃져도 산들은 탈없어,
사람의 사생에 누구든 안놀라.
세월은 유수라 흔적이 귀하니,
시간이 소중해 확연히 깨닫네.
비애와 애락은 생각이 일으켜,
만사가 이처럼 고르게 되기를.

33. 江岸卽事

雲間遠嶂碧淸山, 雨後蒼空飛鳥還.
晴日入簾靑竹靜, 微風移席白鷗閑.
江頭楊柳細絲動, 岸上綠陰濃影斑.
窓外蟬鳴炎氣爆, 片舟倒映棹歌頑.

구름사이 먼 산은 푸르른 청산,
비온 뒤 창공엔 나는 새 돌아와.
맑은 날 발에 든 청죽은 조용히,
미풍은 자리 옮겨 갈매기 한가해.
강두의 버들엔 가지가 움직이니,
안상의 녹음은 농음에 얼룩지네.
창밖의 매미는 더위에 터지는데,
쪽배의 도영은 도가를 고집하네.

34. 南北蹴球試合結果所見

八月晴宵雲捲明, 炎天江岸暑逃聲.
青山聳聳胸中繞, 修竹蕭蕭村里盈.
南北蹴球男女展, 全州試合調和橫.
六邦親善成中國, 民族喊聲念願榮.

팔월의 하늘은 구름 걷혀 밝은데,
더운 날 강안엔 피서로 소리하네.
청산의 우뚝함 마음에 휘감기고,
수죽의 맑음은 마을에 들어찼네.
남북의 축구는 남녀가 펼쳤는데,
전주의 시합은 조화를 다했다네.
육방의 친선은 중국에서 이루고,
민족의 함성에 생각대로 꽃피네.

*2005. 8. 4.

35. 필-하모니(2)

個性尊崇今昔同, 毫痕程度畵人窮.
自然省略圖形化, 思考構成揮灑豊.
文化展開胸裏起, 作家志向筆端通.
一堂同掛魂多彩, 以後變移想像中.

개성의 존숭은 금석이 같으나,
필흔의 정도를 화인이 궁구해.
자연의 생략에 도형이 변하고,
생각의 구성은 휘쇄가 풍부해.
문화의 전개는 마음에 일어나,
작가의 지향은 붓끝을 통하네.
한곳에 걸리는 다양한 혼인데,
이후의 변이 생각하는 중일세.

*2005. 8. 10.~16.(以形아트센터. 團體展)

36. 獨島意見(1)

獨島元來屬我邦, 地球創始只今光.
大韓法統分明記, 日本何如妄動揚.
趙氏三人橫斷渡, 國民全體熱狂昌.
朝鮮失策暫時失, 不恕蠻行無數量.

독도는 원래부터 우리 땅인데,
지구가 될 때부터 지금도 빛나.
대한의 법통에 분명히 적혔지,
일본은 어이해 망동을 하는가.
조씨가 삼부자 횡단해 건넜고,
국민의 전체가 열광한 경사일세.
조선의 실책은 잠깐의 실수라,
용서 못할 만행 무수히 헤아려.

*2005. 8. 13.
*趙氏三人=趙五連三父子

37. 獨島意見(4)

我邦獨島自千年, 領土分明海底連.
槿域恒時臨警戒, 小倭期必考侵緣.
相尊宣布口頭散, 妄動黑心行動傳.
今後再生防禦策, 國民蹶起塞完全.

이나라 독도는 스스로 천년이,
영토는 분명히 해저와 이어져.
근역은 언제나 경계에 임하나,
왜구는 기필코 침략을 생각해.
상존의 선포는 구두로 흩어져,
망동의 흑심은 행동이 전하네.
금후에 일어날 방어의 책략은,
국민이 궐기해 완전히 막으세.

38. 我江山

槿域首都燦海東, 人心不變有餘同.
禍如洌水長流水, 壽似南山高老松.
太白腰精常繞舊, 邦家新野自然營.
國民團合成何事, 統一眼前研究中.

근역의 수도는 해동에 빛나고,
인심은 그대로 여유가 같다네.
재화의 한강은 길게도 흐르니,
생명은 남산의 높다란 솔처럼.
태백의 허리는 언제나 휘감고,
이 나라 새들은 자연이 경영해.
국민의 단합이 무엇을 이루나,
통일이 눈앞이라 연구 중일세.

39. 願國家統一

獨立國家過幾年, 黎民幸福最于先.
個人發展今持續, 團體隔和不斷連.
一部政治方向濁, 根源勢力太安鮮.
鴻溝現實明殘在, 統一必然成事筵.

독립된 국가로 몇 년이 지났나,
백성들의 행복이 최우선이라네.
개인의 발전은 지금도 이어져,
단체의 융화도 부단히 잇따르네.
일부의 정치는 방향이 탁하나,
근원의 세력은 편안히 깨끗해.
휴전선 현실은 분명한 잔재나,
통일은 반드시 성사할 자리일세.

40. 아! 白頭山

天池天上白雲浮, 長白巖間瀑布流.
民族精神常譬喩, 朝中旗幟只今儔.
億年不語睡眠裏, 現世無言水面遊.
六者會談何使用, 雙邦合意最先由.

천지의 천상에 백운이 떠있고,
백두산 바위틈 폭포가 흐르네.
민족의 정신에 비유해 깨닫고,
조중의 기치는 지금도 짝하네.
억년을 말없이 잠자는 속이나,
현세도 말없이 수면에 노니네.
육자의 회담이 무엇을 사용해,
쌍방의 합의를 맨먼저 따르네.

> 著者協約
> 印紙省略

서예인을 위한 漢詩
書寫自然(第11輯)

印 刷 日 | 2012년 2월 25일
發 行 日 | 2012년 2월 29일

저　　자 | 鄭 充 洛
주　　소 | (153-956)서울특별시 강남구 도산대로
　　　　　북52길 58 청담씨티빌라트 402호(105번지)
전　　화 | (02)542-5608 / 010-3013-5608
　　　　　070-7736-5608
E-Mail | nongsann@hanmail.net

발 행 처 | 月刊 書畵文人畵 ㈜이화문화출판사

등　　록 | 제300-2004-67호
주　　소 | 서울특별시 종로구 내자동 167-2
전　　화 | (02)732-7096~7
F A X | (02)738-9887
홈페이지 | www.makebook.net

값 20,000원

※ 잘못 만들어진 책은 바꿔드립니다.